Marlene Fritsch (Hg.)

Wer glücklich ist …

Marlene Fritsch (Hg.)

Wer glücklich ist,

der bringt das Glück,
es kommt von ihm
und kehrt zurück

Ein Vorlesebuch

Kaufmann Verlag

Bibliografische Information Der Deutschen Bibliothek

Die Deutsche Bibliothek verzeichnet diese Publikation in der Deutschen Nationalbibliografie; detaillierte bibliografische Daten sind im Internet über http://dnb.ddb.de abrufbar.

1. Auflage 2010

Umgschlagabbildung: © Tilio & Paolo, fotolia.com
Druck und Bindung: CPI books, Ulm
ISBN 978-3-7806-3094-0

Inhaltsverzeichnis

„Der Mensch ist unglücklich, weil er nicht weiß, dass er glücklich ist“

„Sie ist das einzige Paradies, aus dem uns niemand vertreiben kann“

„Weil du nicht bist wie alle andern“

„Morgen wird ein anderer Tag sein“

Vorwort: Glücksbegabt

Für die meisten Menschen scheint Glück etwas zu sein, das irgendwo in der Zukunft zu finden ist, denn sie wollen einmal glücklich werden. Ich habe noch wenige getroffen, die mir auf mein Nachfragen hin sagten, dass sie glücklich sind. Nun ist Glück natürlich auch etwas, das sich nicht endgültig definieren lässt. Jeder Mensch findet sein Glück in etwas anderem. Und selbst wenn man sich als glücklich bezeichnet, heißt das noch lange nicht, dass man es auch bleibt, denn was man unter seinem persönlichen Glück versteht, ändert sich mit der Lebenssituation, in der man gerade steckt. Als Kind haben uns beispielsweise andere Dinge glücklich gemacht als heute als Erwachsene.

So macht sich weiterhin jeder auf seine ganz persönliche Glückssuche. Dass das Glück für manch einen sein Leben lang etwas bleibt, was erst noch kommt, liegt vielleicht auch daran, dass viele gar nicht wissen, wo sie mit ihrer Suche denn anfangen sollen. Oder weil sie gar nicht wissen, wie sich Glück anfühlt und es deshalb nicht finden können.

Dabei ist der Mensch nicht nur vernunft-, sondern auch glücksbegabt: Eigentlich trägt er alle notwendigen „Instrumente“ in sich, um glücklich werden zu können. Vielleicht weiß er nicht immer um diese Begabung, oder aber er weiß einfach nicht, was er mit diesen „Instrumenten“ tun soll. Daher möchte dieses Buch so etwas wie eine Anleitung oder erster Plan sein, um den Glücksverstecken in uns auf die Spur zu kommen. Sicher gibt es noch mehr Orte, an denen man Glück finden kann (und das wäre dann sozusagen der „Fortgeschrittenenkurs"), aber ich möchte hier mit den großen Geschenken beginnen, die uns Menschen bei unserer Geburt mitgegeben werden: die Fähigkeit, sich zu erinnern, zu lieben, zu schweigen, sich zu freuen und zu hoffen.

Dies alles sind Kräfte, die aus uns selbst kommen und uns ganz unabhängig davon, ob wir arm oder reich, krank oder gesund sind, glücklich machen können. Ob uns das gelingt, ist entscheidend davon abhängig, wie wir uns und unsere Welt sehen möchten. Sicher: Jeder von uns hat Erinnerungen an schlechte Erfahrungen oder schlimme Zeiten; die Welt ist nicht so, wie sie sein sollte, und es gibt immer einen Grund, deswegen traurig zu sein; es gibt viele ausweglose Situationen und Zustände, die mutlos machen – aber es gibt auch genauso viele Gründe, sich am Leben zu freuen, auf ein besseres Morgen zu hoffen und das zu sehen, was liebenswert an unserer Welt und unseren Mitmenschen ist. Die folgenden Texte möchten daher ein wenig Hilfestellung dabei geben, die Augen für das Glück zu öffnen, das seit unserer Geburt schon in uns wohnt und nur darauf wartet, entdeckt zu werden.

„Im Schweigen öffnen sich die Augen der Seele“

Von der Stille

Stille und Schweigen können ganz unterschiedliche Qualitäten haben: Sie können feindselig und peinlich sein, sie können sogar dröhnen und unerträglich werden. Allerdings können sie auch wohltuend wie Balsam auf der Seele sein. Oft spüren wir erst in dem Moment, in dem es still wird, wie laut es sonst um uns her ist und wie selten wirklich nichts zu hören ist. Und manchmal ist es auch gar nicht der Lärm von außen, sondern unser eigener Lärm, dessen Fehlen uns im Schweigen bewusst wird. Dann beginnen plötzlich Dinge in uns zu reden, die wir im Echo unseres eigenen Sprechens oder dem anderer gar nicht gehört haben, vielleicht auch nicht hören konnten.

Stille kann sich dann anfühlen wie ein „seelisches Vollbad“, das nicht nur sauber macht, sondern sogar glücklich. Schweigen und Stille entlasten die Seele und die Ohren, beruhigen und machen den Geist klar. In Zeiten von Stress und Alltagshektik können sie helfen, kleine Inseln der Erholung zu schaffen, Pausenzeiten, die neue Kraft schenken. Manchmal können wir dadurch sogar unsere Denkrichtung ändern und finden Lösungen für Probleme, die uns vorher ausweglos erschienen.

Vielleicht können Ihnen die folgenden Texte helfen, schon einmal das Wasser für das „seelische Bad“ einzulassen – dann müssen Sie nur noch eintauchen!

Ein friedlicher Morgen

Noch schlafen die meisten Menschen im Dorf. Noch ist es dunkel und still draußen. Kaum ein Haus mit beleuchteten Fenstern. Hie und da hört man den Lärm eines abfahrenden Autos. Ich habe mir Kaffee gemacht und sitze nun an meinem Bürotisch. Vor mir das Buch mit der Morgenlektüre. Aber bevor ich mit dem Lesen beginne, genieße ich diesen friedlichen Augenblick. Noch ist nicht die Zeit zu reden und zu handeln. Noch ist der Tag ein still stehendes Rad. Noch bin ich nicht in den Beschäftigungen und Anforderungen des Tages. Ich hole Kraft in der Ruhe des Augenblicks. Ein hellroter Wölkchenhimmel hebt sich schwach vor den schneeweißen Vorarlberger Alpen ab, in einer halben Stunde wird es hell sein. Noch bietet der kleine Rest von Nacht Schonzeit, die ich genieße.

Bruno Dörig

Stille

Jeder Tag birgt Schätze in sich, die zu betrachten sich lohnen. Es kann sich um Begegnungen handeln, um Gespräche, Ideen und Bilder, die einen selbst oder andere berührt haben, Kunstwerke, Einsätze für andere – wie auch immer, vielleicht auch unscheinbare Begebenheiten, die sich im Augenblick des Geschehens kaum entfalten und in ihrer Bedeutung zeigen konnten. Erst im Nachhinein, wenn sie in der Stille die richtige Aufmerksamkeit erhalten, erweisen sie ihren Wert – als ob sie als Basis für ihre Entfaltung unser bewusstes Innehalten, unsere Zuwendung brauchen würden.

Peter Wild

Quarrtsiluni

Majuaq war eine greise Eskimofrau. Knud Rasmussen, der Forscher, hatte sie gebeten, ihm aus der Geschichte ihres Stammes zu erzählen. Die alte Majuaq schüttelte den Kopf und sagte: „Da muss ich erst nachdenken, denn wir Alten haben einen Brauch, der Quarrtsiluni heißt."

„Was ist Quarrtsiluni?"

„Das werde ich dir jetzt erzählen, aber mehr bekommst du heute auch nicht zu hören."

Und Majuaq erzählte mit großen Handbewegungen: „In alten Tagen feierten wir jeden Herbst große Feste zu Ehren der Seele des Wales, und diese Feste mussten stets mit neuen Liedern eröffnet werden; alte Lieder durften nie gesungen werden, wenn Männer und Frauen tanzten, um den großen Fangtieren zu huldigen. Und da hatten wir den Brauch, dass in jener Zeit, in der die Männer ihre Worte zu diesen Hymnen suchten, alle Lampen ausgelöscht werden mussten. Es sollte dunkel und still im Festhaus sein.

Nichts durfte stören, nichts zerstreuen. In tiefem Schweigen saßen sie in der Dunkelheit und dachten nach, alle Männer, sowohl die alten wie die jungen, ja sogar die kleinsten Knäblein, wenn sie nur eben so groß waren, dass sie sprechen konnten.

Diese Stille war es, die wir Quarrtsiluni nannten. Sie bedeutet, dass man auf etwas wartet, das aufbrechen soll.

Denn unsere Vorväter hatten den Glauben, dass die Gesänge in der Stille geboren werden. Dann entstehen sie im Gemüt der Menschen und steigen herauf wie Blasen aus der Tiefe des Meeres, die Luft suchen, um aufzubrechen. So entstehen die heiligen Gesänge.“

Aus Grönland

Dank an die Stille

Wir verdanken der Stille Erkenntnisse,
die uns befreit haben,
und Erholung,
die tiefer reichte als ein guter Schlaf.
Wir verdanken ihr Entscheidungen,
die wichtige Weichen stellten.
Wir verdanken ihr Rettung
vor dem Untergang im Geräuschmeer.
Wir verdanken ihr Nachrichten
von uns selbst an uns selbst,
endlich hörbar, ohne den Umweg
über die Ohren.
Wem anders verdanken wir
die kleine Stimme
der Wahrheit,
als
der Stille,
dieser alten,
immer neuen Freundin.

Ulrich Schaffer

Beglückende Nacht

Nacht ist schon hereingesunken
schließt sich heilig Stern an Stern,
große Lichter, kleine Funken
glitzern nah und glänzen fern.

Glitzern hier, im See sich spiegelnd,
glänzen droben klarer Nacht;
tiefsten Ruhens Glück besiegelnd
herrscht des Mondes volle Pracht.

Johann Wolfgang von Goethe

In Stille schwelgen

Ich ruhe still im hohen Gras
und sende lange meinen Blick nach oben,
von Grillen rings umschwirrt ohn Unterlass,
von Himmelsbläue wundersam umwoben.

Und schöne, weiße Wolken ziehn dahin
durchs tiefe Blau, wie schöne stille Träume;
mir ist, als ob ich längst gestorben bin
und ziehe selig mit durch ewge Räume.

Hermann Allmers

Einkehr

Frei von Absichten
und von Geschäftigkeit
möge meine Seele sich
im Schweigen sammeln
und sich versenken
in die Betrachtung
des göttlichen Wesens.

Mein Leib soll stillhalten
in dieser Stunde.
Es gibt nichts zu kämpfen.
Der Friede Gottes senke sich herab
auf alles nah und fern.

Stille lasse sich herab auf Erde,
Luft und Meer,
wie der Himmel selbst der Friede ist.

Möge meine zur Ruhe
gekommene Seele erfahren,
wie der göttliche Geist sich ausbreitet
und wie die Himmel überall
ihm Raum geben.

Möge der Friede Gottes
meine Seele erlösen,
möge er mich mit seinem Licht erfüllen.

Plotin

Die Seele baumeln lassen

Bitte nicht stören! Sie hat sich soeben entschieden, über Mittag ein wenig auszuruhen. Es wird ihr gut tun. Die Arbeit hat sie beiseite und die Hände in den Schoß gelegt. Vielleicht sitzt sie sonst stundenlang am Bildschirm oder am Telefon. Oder sie steht den ganzen Tag an der Kasse im Warenhaus, bemüht mit allen Kunden stets freundlich zu sein.

Jetzt ist sie mit sich selbst freundlich. Sie streckt die Beine aus und schließt vielleicht die Augen. Innere Bilder steigen in ihr auf. Wie war das bloß heute Vormittag? Da ist es mir doch nicht schlecht gelungen, mein Bestes zu geben. Der Chef hat mich zwar deswegen nicht gerühmt, aber die Kollegin hat mir zugenickt. Und dann hat sie doch noch diese kleine Bemerkung gemacht, die mich von Herzen gefreut hat. Unwillkürlich lässt sie die Stunden Revue passieren, die seit dem frühen Morgen verstrichen sind. Sie erinnert sich, wie sie unter der Dusche stand und für ein paar Sekunden lang eine große Dankbarkeit empfand. Wofür? Eigentlich für gar nichts Besonderes. Und doch spürte sie plötzlich, wie wunderbar es ist, gesund zu sein, sich kräftig und frisch zu fühlen. Auf dem Weg zur Arbeit hat sie Menschen gesehen, von denen sie annimmt, dass sie Sorgen mit sich herumtragen, die sie nur vom Hörensagen kennt.

Ihre Gedanken schweifen weiter, wie Gedanken

eben sind – nämlich kaum zu bremsen. An ihre Kindheit denkt sie zurück, an ihre Eltern und Geschwister. Dann kommen ihr Freundinnen und Freunde in den Sinn, die sie seit Jahren kennt und lange nicht gesehen hat. Kein Zufall, denkt sie jetzt; sie haben alle mein Leben geprägt. Und dann, ihre Zeit im Spital! Wie froh war sie damals, die Operation gut überstanden zu haben und bald wieder auf den Beinen gewesen zu sein. Kurz bevor die Mittagspause zu Ende ist, steht sie auf, zupft ihr Kleid zurecht und kehrt an ihre Arbeit zurück. Hat sie geträumt? Man kann es durchaus so nennen. Von der Wirklichkeit träumte sie eine Mittagspause lang. Denn während sie die Seele baumeln ließ, ist sie gleichsam über sich selbst hinausgewachsen und hat erkannt, dass ihr Dasein in guten Händen liegt.

Vreni Merz

Alleinsein

Es dauerte fast fünfundzwanzig Jahre, doch dieser eigene, mir gehörende Raum des Alleinseins wuchs zu einem magischen Punkt auf meiner Liste der Dinge, die man zu Lebzeiten tun sollte. Es war für mich ein einschneidender Wendepunkt, was es auch für Sie sein kann, wenn Sie sich nur ein wenig darauf einlassen. Leben Sie, wenn möglich in jungen Jahren eine Weile lang allein – vor allem, bevor Sie eine feste Partnerschaft eingehen, bevor Sie heiraten oder Nonne werden. Es gibt vieles, das Sie für sich erkennen müssen, bevor Sie sich fest binden. Sie sollten erst sich selbst finden und kennen lernen. Allein zu leben ist für jede spätere Beziehung nicht nur ein großer Vorteil, sondern das Geheimnis für ein glückliches Leben. [...] Wer allein lebt, kann ein erfülltes oder leeres Leben führen, ganz so wie er will. Es hängt nur von Ihnen ab. Niemand wartet auf Sie zu Hause, der Ihnen die Energie raubt. Wenn Sie erst einmal auf den Geschmack gekommen sind, werden Sie feststellen, welche neue Lebensqualität und wie viel Energie das Alleinsein zu bieten hat. Es wird nicht lange dauern, bis ein 12 Quadratmeter großer Raum zu einem Jungbrunnen auf einem geheimnisvollen Inselparadies wird. Vielleicht mag das ein wenig übertrieben klingen – aber allein zu leben kann himmlisch sein.

Manchmal liefert das Alleinsein die perfekte Lösung für ein drängendes Problem. Manchmal gehört dazu, dass Sie still und ruhig sind. Und fast immer werden Sie sehen, dass das Alleinsein Ihnen die nächsten Schritte aufzeigt und Ihre Perspektive ein wenig verrückt. Auf jeden Fall aber wird Ihnen eine göttliche Energie zugänglich. Neue Energie fließt in Ihr Leben und die Beziehungen, die Ihnen wichtig sind, verstärkt und vertieft diese Bande, strömt in Ihre kreativen Tätigkeiten und in alles, was Spaß macht. Zu den positiven Aspekten des Alleinlebens gehört immer, dass Sie zu Hause eine Stille empfängt, die Ihnen Ruhe verleiht, Sie stützt, mit neuer Energie ausstattet und Sie als neuen Menschen wieder ins Leben entlässt. So stelle ich mir ein wirklich gutes Leben vor.

Karol Jackowski

Sternstunden

Eine laue Sommernacht im August. Wir sitzen vor dem Zelt und lauschen dem Plätschern der Wellen am Seeufer, dem Rauschen der Tannen, dem leisen Lachen unserer Kinder. Hinter dem gezackten Bergrücken taucht ein Lichtschein auf, diffus erst, dann immer intensiver. Plötzlich springt ein gleißender Strahl über die Felskante, durchschneidet die blaue Luft und trifft unser kleines Zelt. Der Mond ist da! „Mama“, fragt mein kleiner Sohn in die andächtige Stille hinein, „hat uns der liebe Gott eben mit seiner Taschenlampe angeleuchtet?“

Ja – hat er? Schaut er auf uns, spricht er zu uns, noch heute, mit vielen Stimmen, so auch durch das Wunder von Sonne, Mond und Sternen? Man muss es ausprobieren: sich ab und zu eine Sternstunde gönnen. Im Sommer ist die schönste Zeit dafür. Allein oder mit Freunden, Kindern, Großeltern, die die Sternbilder vielleicht noch zu benennen wissen.

Sie erzählen nichts davon, dass sie günstig stehen, die Sterne. Sie sagen nicht: Hüte dich vor dem schwarzen Freitag und morgen triffst du den Mann deines Lebens. Sie sagen: Du bist nicht alles. Es gibt eine größere Ordnung um dich herum und in dir. Sie ist weise. Sie umfasst den Takt deines kleinen Herzens und die Umdrehungen der großen Galaxien, die winzigen Spiralen in deinen Zellkernen und die gewaltigen Arme der Sternennebel.

Und kann man diese Botschaft wirklich hören? Manchmal, glaube ich … am besten wohl, wenn man ganz still ist, so lange, bis die Stille zu einem großen Rauschen wird oder zu einer sehr leisen Musik. Und manchmal kann ich in solchen Sternstunden auch noch mehr sehen als das Funkeln über mir. Ich werde und ich bin angesehen – im doppelten Sinn dieses Wortes. Ich lebe unter gütigen Augen. Und ich bin wichtig, obwohl ich klein bin und mein Leben nur ein winziger Teil im großen Werk dessen, der meinen Verstand übersteigt. „Und auf einmal begriff Momo“, schreibt Michael Ende, „dass die ganze Welt bis hinaus zu den fernen Sternen ihr zugewandt war wie ein einziges unausdenkbar großes Gesicht, das sie anblickte und zu ihr redete.“

Hat mein kleiner Sohn Recht? Ich muss mich wieder einmal in den Schein der großen Taschenlampe setzen – vielleicht schon morgen Abend.

Inge Müller

Abseits

Es ist so still; die Heide liegt
im warmen Mittagssonnenstrahle,
ein rosenroter Schimmer fliegt
um ihre alten Gräbermale;
die Kräuter blühn; der Heideduft
steigt in die blaue Sommerluft.

Laufkäfer hasten durchs Gesträuch
in ihren goldnen Panzerröckchen,
die Bienen hängen Zweig um Zweig
sich an der Edelheide Glöckchen,
die Vögel schwirren aus dem Kraut –
die Luft ist voller Lerchenlaut.

Ein halbverfallen niedrig Haus
steht einsam hier und sonnbeschienen,
der Kätner lehnt zur Tür hinaus,
behaglich blinzelnd nach den Bienen,
sein Junge auf dem Stein davor
schnitzt Pfeifen sich aus Kälberrohr.

Kaum zittert durch die Mittagsruh
ein Schlag der Dorfuhr, der entfernten;
dem Alten fällt die Wimper zu,
er träumt von seinen Honigernten. –
Kein Klang der aufgeregten Zeit
drang noch in diese Einsamkeit.

Theodor Storm

Die Früchte der Stille

Als ich ein Kind war, verstand ich zu geben und zu teilen; seit ich zivilisiert wurde, habe ich diese Tugenden verlernt. Ich lebte ein natürliches Leben, jetzt lebe ich ein künstliches. Damals war jeder hübsche Kieselstein für mich kostbar, und ich hatte Ehrfurcht vor jedem Baum.

Der Ureinwohner Amerikas verband seinen Stolz mit einer außergewöhnlichen Demut. Überheblichkeit war seinem Wesen und seiner Lehre fremd. Er erhob niemals den Anspruch, dass die Fähigkeit, sich durch Sprache auszudrücken, ein Beweis für die Überlegenheit des Menschen über die sprachlose Schöpfung sei; ganz im Gegenteil, er sah in dieser Gabe eine Gefahr. Er glaubte fest an das Schweigen – das Zeichen vollkommener Harmonie. Schweigen und Stille stellten für ihn das Gleichgewicht von Körper, Geist und Seele dar.

Wenn du den Indianer fragst: „Was ist die Stille?“, wird er dir antworten: „Das Große Geheimnis. Die heilige Stille ist Seine Stimme.“ Und wenn du fragst: „Was sind die Früchte der Stille?“, so wird er sagen: „Selbstbeherrschung, wahrer Mut und Ausdauer, Geduld, Würde und Ehrfurcht.“

„Hüte deine Zunge in der Jugend“, sagte der alte Häuptling Wabashaw, „dann wirst du im Alter deinem Volk einen weisen Gedanken schenken.“

Ohiyesa (Weisheit der Indianer)

Die Kraft des Schweigens

Erziehung zur Stille, zum Schweigen begann schon sehr früh. Wir lehrten unsere Kinder, still zu sitzen und Freude daran zu haben. Wir lehrten sie, ihre Sinne zu gebrauchen, die verschiedenen Gerüche aufzunehmen, zu schauen, wenn es allem Anschein nach nichts zu sehen gab, und aufmerksam zu horchen, wenn alles ganz ruhig schien. Ein Kind, das nicht still sitzen kann, ist in seiner Entwicklung zurückgeblieben. Übertriebenes, auffälliges Benehmen lehnten wir als unaufrichtig ab, und ein Mensch, der pausenlos redete, galt als ungesittet und gedankenlos. Ein Gespräch wurde nie übereilt begonnen und hastig geführt. Niemand stellte vorschnell eine Frage, mochte sie auch noch so wichtig sein, und niemand wurde zu einer Antwort gezwungen. Die wahrhaft höfliche Art und Weise, ein Gespräch zu beginnen, war eine Zeit gemeinsamen stillen Nachdenkens; und auch während des Gespräches achteten wir jede Pause, in der der Partner überlegte und nachdachte. Für die Dakota war das Schweigen bedeutungsvoll. In Unglück und Leid, wenn Krankheit und Tod unser Leben überschatteten, war Schweigen ein Zeichen von Ehrfurcht und Respekt; ebenso, wenn uns Großes und Bewundernswertes in seinen Bann schlug. Für die Dakota war das Schweigen von größerer Kraft als das Wort.

Luther Standing Bear (Weisheit der Indianer)

„An einem solchen Tag erklettert man die Leiter, die von der Erde in den Himmel führt“

Von der Lebensfreude

Sie kennen diese Tage: Sie werden wach und spüren dieses Kitzeln im Bauch, das Ihnen schon im Schlaf ein Lächeln auf das Gesicht gezaubert hat. Und wenn Sie den ersten Fuß vors Bett setzen, wissen Sie sicher, dass es der Richtige war und der Tag schon beinah durch nichts mehr zu verderben ist. Das Frühstück schmeckt doppelt so gut wie sonst und Sie können sich gerade noch so zurückhalten, die Treppe herunter zu hopsen, weil so schönes Wetter ist. Sie spüren an einem solchen Tag ganz deutlich, wie Ihnen das Leben in den Adern pulsiert und wie schön es ist, lebendig zu sein. Man könnte auch einfach sagen: Sie sind glücklich.

Aber Sie wissen auch, dass es andere Tage gibt, an denen es der falsche Fuß ist, der morgens zuerst vor dem Bett landet, und dann gibt es fast nichts, was diesen Tag noch retten kann … An solchen Tagen scheint sich alles gegen uns verschworen zu haben. Manchmal liegt es aber auch nur daran, dass wir wohl die falsche „Brille“ aufgesetzt haben. Denn

Dinge, über die man sich freuen kann, gibt es jeden Tag, man muss sie nur sehen können oder wollen. Vielleicht können Ihnen die folgenden Texte die „Brille" sein, die hilft, Regenwolken zu verscheuchen und der schlechten Laune einen freien Tag zu geben.

Die Amseln haben Sonne getrunken

Die Amseln haben Sonne getrunken,
Aus allen Gärten strahlen die Lieder,
In allen Herzen nisten die Amseln,
Und alle Herzen werden zu Gärten
Und blühen wieder.

Nun wachsen der Erde die großen Flügel,
Und allen Träumen neues Gefieder,
Alle Menschen werden wie Vögel
Und bauen Nester im Blauen.

Nun sprechen die Bäume in grünem Gedränge,
Und rauschen Gesänge zur hohen Sonne,
In allen Seelen badet die Sonne,
Alle Wasser stehen in Flammen,
Frühling bringt Wasser und Feuer
Liebend zusammen.

Max Dauthendey

Freude

Wie schwach muss im Grunde doch das Glück uns beschäftigen, da es uns sofort Zeit lässt, an seine Dauer zu denken und darum besorgt zu sein: Die Freude ist ein Moment, unverpflichtet, von vornherein zeitlos; nicht zu halten, aber auch nicht eigentlich wieder zu verlieren, indem unter ihrer Erschütterung unser Wesen sich gewissermaßen chemisch verändert, nicht nur, wie es im Glück der Fall sein mag, in einer neuen Mischung sich selber kostet und genießt.

Rainer Maria Rilke

Du musst das Leben nicht verstehen

Du musst das Leben nicht verstehen,
dann wird es werden wie ein Fest.
Und lass dir jeden Tag geschehen
so wie ein Kind im Weitergehen von jedem Wehen
sich viele Blüten schenken lässt.
Sie aufzusammeln und zu sparen,
das kommt dem Kind nicht in den Sinn.
Es löst sie leise aus den Haaren,
drin sie so gern gefangen waren,
und hält den lieben jungen Jahren
nach neuen seine Hände hin.

Rainer Maria Rilke

Wenn ich mein Leben noch einmal leben könnte

Ich würde mich trauen,
beim nächsten Mal mehr Fehler zu machen.
Ich wüde alles lockerer und entspannter anpacken.
Ich würde alberner sein
als ich es auf dieser Reise war.
Ich würde mehr Dinge weniger ernst nehmen.
Ich würde mehr Gelegenheiten ergreifen.
Ich würde mehr Berge besteigen und in mehr Flüssen schwimmen.
Ich würde mehr Eiscreme essen und weniger Bohnen.
Vielleicht hätte ich dann heute wirklich mehr Probleme, aber auch weniger eingebildete.
Sie sehen, ich bin einer jener Menschen, die ernsthaft und gesund leben, Stunde um Stunde, Tag um Tag.
Ich hatte gute Momente, und wenn ich noch einmal von vorne anfangen könnte,
dann hätte ich mehr davon.
Tatsächlich würde ich nicht versuchen, mehr zu haben, nur gute Momente, einen nach dem anderen – statt so viele Jahre die Tage einfach vorbeigehen zu lassen.

Ich war einer dieser Menschen, der niemals ohne Thermometer, ohne Wärmflasche, ohne Regenmantel und ohne Fallschirm irgendwohin ging.

Wenn ich mein Leben nochmals leben könnte, würde ich mit weniger Gepäck reisen als ich es tat.

Wenn ich mein Leben nochmals leben könnte, würde ich früher im Frühling barfuß gehen und später im Herbst damit aufhören. Ich würde mehr zum Tanzen gehen.

Ich würde mehr Karussell fahren und – ich würde mehr Gänseblümchen pflücken.

Nadine Stair (85 Jahre)

Lichterlohes Bewusstsein

Glück als das lichterlohe Bewusstsein: Diesen Augenblick wirst du niemals vergessen. Der Anblick ist da, das Erlebnis noch nicht. Man gleicht einem Film, der belichtet wird; entwickeln wird es die Erinnerung.

Max Frisch (Tagebuch)

Maiwald

Eine wunderbare Heiterkeit hat meine ganze Seele eingenommen, gleich den süßen Frühlingsmorgen, die ich mit ganzem Herzen genieße. Ich bin allein und freue mich meines Lebens in dieser Gegend, die für solche Seelen geschaffen ist wie die meine. Ich bin so glücklich, mein Bester, so ganz in dem Gefühle von ruhigem Dasein versunken, dass meine Kunst darunter leidet. Ich könnte jetzt nicht zeichnen, nicht einen Strich, und bin nie ein größerer Maler gewesen als in diesen Augenblicken. Wenn das liebe Tal um mich dampft, und die hohe Sonne an der Oberfläche der undurchdringlichen Finsternis meines Waldes ruht, und nur einzelne Strahlen sich in das innere Heiligtum stehlen, ich dann im hohen Grase am fallenden Bache liege, und näher an der Erde tausend mannigfaltige Gräschen mir merkwürdig werden; wenn ich das Wimmeln der kleinen Welt zwischen Halmen, die unzähligen, unergründlichen Gestalten der Würmchen, der Mückchen näher an meinem Herzen fühle, und fühle die Gegenwart des Allmächtigen, der uns nach seinem Bilde schuf, das Wehen des Allliebenden, der uns in ewiger Wonne schwebend trägt und erhält mein Freund!, wenn's dann um meine Augen dämmert, und die Welt um mich her und der Himmel ganz in meiner Seele ruhn wie die Gestalt einer Geliebten – dann sehne ich mich oft und denke: Ach könntest du das wieder ausdrücken, könntest du dem Papiere das einhauchen, was so voll, so warm in dir lebt, dass es würde der Spiegel deiner Seele, wie deine Seele ist der Spiegel des unendlichen Gottes! – Mein Freund – Aber ich gehe darüber zugrunde, ich erliege unter der Gewalt der Herrlichkeit dieser Erscheinungen.

Johann Wolfgang von Goethe

Vom armen Holzhacker

Es war einmal ein armer Holzhacker, der lebte glücklich und zufrieden mit seiner Familie in einem kleinen Hause am Rande des Waldes. Obgleich er sich mit Holzfällen nur mühsam sein tägliches Brot verdiente, klang nach Feierabend für gewöhnlich Lachen und Singen aus dem kleinen Haus, sodass die Leute sich verwunderten. Eben dies aber verärgerte den König des Landes, dessen Weg zum Schloss ihn täglich am kleinen Haus vorbeiführte. „Was haben Tagelöhner zu lachen?“, fragte er grimmig und schickte eines Tages seinen Diener mit einer Botschaft zum Holzhacker: „Mein Herr und König befiehlt dir, bis morgen früh fünfzig Säcke Sägemehl bereitzustellen. Wenn du das nicht vermagst, sollst du samt deiner Familie umkommen.“

„Ich vermag es ganz gewiss nicht“, jammerte der

Holzfäller. Seine Frau jedoch tröstete ihn: „Lieber Mann, wir haben es gut gehabt in unserem Leben. Wir hatten Freude aneinander und mit unseren Kindern und versuchten, auch andere daran teilhaben zu lassen. Es ist wahr, wir vermögen die Säcke nicht zu füllen. Deshalb lass uns auch in dieser Nacht ein Fest feiern mit unseren Kindern und Freunden zusammen. Wie wir gelebt haben, so wollen wir auch sterben.“

Und so feierten die armen Leute im kleinen Holzfällerhaus ihr schönstes und glücklichstes Fest. Nach Mitternacht ging ein um der andere der Gäste schlafen. Zuletzt blieben der Holzfäller und seine Frau zurück. Traurigkeit überkam sie, als die Morgenröte am Horizont aufstieg.

„Nun ist es aus mit uns“, klagte die Frau.

„Lass gut sein“, tröstete sie ihr Mann. „Es ist besser, glücklich und in Frieden zu sterben, als ein Leben in Traurigkeit und Angst zu verbringen.“

Da klopfte es an die Tür. Der Holzfäller öffnete weit, um den erwarteten Diener des Königs einzulassen. Zögernd trat der Hofbeamte näher und sagte nach einer kurzen Stille: „Holzhacker, stelle zwölf eichene Bretter bereit für – einen Sarg. Der König ist in dieser Nacht gestorben.“

Armenisches Märchen

Das Geschenk eines jeden Tages

Die langen Jahre meiner schweren Krankheit, die so langsam vergingen, haben mich gelehrt, was ich genießen und woran ich glauben muss. Sie haben mich gelehrt: Nimm dir Zeit, sonst nimmt sie dich. Jeder Tag ist für mich jetzt ein herrliches Geschenk. Die Sonne geht auf und kündigt mir vierundzwanzig neue, wundervolle Stunden an – nicht, damit ich sie mir vertreibe, sondern damit ich sie auskoste. Ich habe gelernt, die kleinen und doch so wichtigen Dinge zu schätzen, von denen ich früher glaubte, ich hätte keine Zeit, sie zu beachten – das Spiel des Lichtes auf fließendem Wasser, das Singen des Windes in den Bäumen. Oft habe ich mich zurückgelehnt und mir vorgenommen: Merke dir diesen Augenblick, vergiss ihn nicht. Denn in ihm bist du glücklich und froh. Es wird nicht immer so sein, also genieße ihn, solange er da ist, erinnere dich seiner und sei dankbar.

Ralph Richmond

Genießen

Von einer Reise zurückgekehrt, erzählte der Meister von einer Begebenheit, die er für ein Gleichnis des Lebens hielt.

Während eines kurzen Aufenthaltes ging er an einen einladend aussehenden Essensstand, an dem köstliche Suppen, heißer Curry und alle möglichen verlockenden Gerichte angeboten wurden.

Er bestellte eine Suppe.

„Gehören Sie zu dem Bus?“, fragte fürsorgend die Bedienung. Der Meister nickte.

„Es gibt keine Suppe.“

„Heißen Curry mit gedämpftem Reis?“, fragte der Meister irritiert.

„Nein, wenn Sie zum Bus gehören. Sie können belegte Brote haben. Ich habe den ganzen Morgen gebraucht, um diese Speisen zuzubereiten, und Sie haben kaum zehn Minuten Zeit zum Essen. Ich möchte Sie kein Gericht verzehren lassen, für das Sie nicht die Zeit haben, es zu genießen.“

Anthony de Mello

Wochenmarkt

Ein Wochenmarkt ist etwas Helles, Lebendiges, Reichliches und Lustiges. Durch die breite, sonst so stille Straße ziehen sich zwei lange, von Lücken unterbrochene Reihen Warenstände, belegt und behängt mit allem, was Haushaltungen und Familien tagtäglich nötig haben. Die Sonne, die sonst hier herum herrisch und träge liegen kann, hat heute zu springen und zu blitzen, sozusagen zu fuchteln, denn jedes bewegliche Ding, das hier herumrührt, jeder Gegenstand, jeder Hut, jede Schürze, jeder Topf, jede Wurst, alles will angeblendet sein. Würste in Sonnenschein gebadet, sehen prächtig aus. Das Fleisch prahlt und prunkt von den Haken, an denen es hängt, stolz und purpurrot herunter. Das Gemüse grünt und lacht, Apfelsinen scherzen in prachtvoll gelben Mengen, Fische schwimmen in breiten wassergefüllten Kübeln. Man steht so, und dann tut man einen Schritt. Man tut. Es kommt so genau nicht darauf an, ob der geplante, probierte und ausgeführte Schritt wirklich ein wahrhaftiger Schritt ist. Dieses fröhliche, einfache Leben, wie es bescheiden anzieht, wie es einen kleinbürgerlich und häuslich anlacht.

Dazu ist der Himmel von einem allererstklassigen Blau. Erstklassig! Man will sich nicht zu dem Wort „süß“ versteigen. Wo man Poesie empfindet, bedarf's keinerlei poetischer Anwandlungen. „Drei Abbelsinen for'n Jroschen.“ Wie oft, Mann, hast du das eigentlich schon bald mal gesagt? Welche Auswahl prächtiger, dicker Weiber. Unfeine Menschenfiguren mahnen so recht an die Erde, an das,

Landweben und -leben, den Gott selbst, der sicher auch keinen gar so übertrieben schönen Leib hat. Gott ist das Gegenteil von Rodin. Wie entzückend ist das: an etwas Bäurischem ein wenig, wenn auch nur für einen „Jroschen“ Geschmack empfinden zu dürfen. Frische Eier, Landschinken, Land- und Stadtleberwürste! Ich muss es heraussagen: Ich stehe und taugenichtse gern in der Nähe von lockenden Esswaren umher. Wieder erinnert's ans lebhaft Vergnügliche, und das Lebendige ist mir lieber als das Unsterbliche. Hier sind Blumen, dort Kachelgeschirre, nebenan Käse, Schweizer, Tilsiter, Holländer, Harzer, und entsprechender Geruch dazu.

Wenn man nun in die Ferne schaut, so wimmelt es von Landschaftsmalmotiven; schaut man zur Erde, so entdeckt man Schalen von Äpfeln und Nüssen, Fleischabfälle, Papierreste, halbe und ganze Weltblätter, einen Hosenknopf, ein Strumpfband. Blickt man hoch auf, so ist es ein Himmel, blickt man gerade vor sich, so ist es ein Durchschnittsmenschengesicht, von Durchschnittstagen und -nächten redet man nicht, von einer Durchschnittsnatur auch nicht. Ist denn nicht das Durchschnittliche das Festeste und Beste?

Ich bedanke mich für Genietage und -wochen, oder für einen außergewöhnlichen Herrgott. Das Bewegliche ist stets das Gerechteste. Und wie zierlich können einen Bauernweiber angucken. Mit welch seltsamen leisen Gebärden sie sich hin und her drehen. Der Markt lässt immer ein Stück Landahnung im Stadtviertel zurück, gleichsam, um es aus seinem monotonen Hochmut aufzurütteln. Wie hübsch ist das, dass alle diese Kaufgegenstände in der freien, frischen Luft liegen. Jungens kaufen sich warme Würste, sie lassen sich dieselben der ganzen saftigen Länge nach an- und abstreichen, damit sie sie gleich kunstgerecht verzehren können. Essen passt so gut unter den blauen, hohen Himmel. Wie reizend sehen mir da die üppigen Blumenkohlbüschel aus. Ich vergleiche sie (nicht ganz gern) mit weiblichen straffen Brüsten. Der Vergleich ist impertinent, wenn er nicht klappt. Wie viel Frauen da um einen herum sind.

Aber der Markt geht, sehe ich, zu Ende. Die Zeit des Abrüstens ist da. Obst wird in Körbe zusammengescharrt. Bücklinge und Sprotten werden eingepackt, Buden abgeschlagen. Das Gewimmel hat sich verzogen. Nach kurzer Zeit wird die Straße wieder ihr vorheriges Aussehen zurückerwischt haben. Adieu Farben. Adieu Vielerlei. Adieu Gesprenkel von Lauten, Düften, Bewegungen, Schritten und Lichtern. Übrigens habe ich ein Pfund Wallnüsse eingehandelt. So kann ich nun nach Hause traben, in meine Wi-wi- und Wä-wä-Kindergeschrei-Wohnung. Ich esse so ziemlich alles gern, aber wenn ich Nuss esse, bin ich direkt glucklich. (1908)

Robert Walser

Prima Wetter

Wo sind die Tage, die so traurig waren
und deren Traurigkeit uns so bezwang?
Die Sonne scheint. Das Jahr ist sich im klaren.
Es ist, um schreiend aus der Haut zu fahren
und als Ballon den blauen Himmel lang!

Die grünen Bäume sind ganz frisch gewaschen.
Der Himmel ist aus riesenblauem Taft.
Die Sonnenstrahlen spielen kichernd Haschen.
Man sitzt und lächelt, zieht das Glück auf Flaschen
und lebt mit sich in bester Nachbarschaft.

Man könnte, denkt man, wenn man wollte, fliegen.
Vom Stuhle fort. Mit Kuchen und Kaffee.
Auf weißen Wolken wie auf Sofas liegen
und sich gelegentlich vornüber biegen
und denken: „Also das dort ist die Spree.“

Man könnte sich mit Blumen unterhalten
und Wiesen streicheln wie sein Fräulein Braut.
Man könnte sich in tausend Teile spalten
und vor Begeisterung die Hände falten.
Sie sind nur gar nicht mehr dafür gebaut.

Man zieht sich voller Zweifel an den Haaren.
Die Sonne scheint, als hätte es wieder Sinn.
Wo sind die Tage, die so traurig waren?
Es ist, um förmlich aus der Haut zu fahren.
Die größte Schwierigkeit ist nur: Wohin?

Erich Kästner

Herbstmorgen

Heute war ein schöner, herbstlicher Morgen. Ich ging durch die Tuilerien. Alles, was gegen Osten lag, vor der Sonne, blendete. Das Angeschienene war vom Nebel verhangen wie von einem lichtgrauen Vorhang. Grau im Grauen sonnten sich die Statuen in den noch nicht enthüllten Gärten. Einzelne Blumen in den langen Beeten standen auf und sagten: Rot, mit einer erschrockenen Stimme. Dann kam ein sehr großer, schlanker Mann um die Ecke, von den Champs-Elysées her; er trug eine Krücke, aber nicht mehr unter die Schulter geschoben, er hielt sie vor sich her, leicht, und von Zeit zu Zeit stellte er sie fest und laut auf wie einen Heroldstab. Er konnte ein Lächeln der Freude nicht unterdrucken und lächelte, an allem vorbei, der Sonne, den Bäumen zu. Sein Schritt war schüchtern wie der eines Kindes, aber ungewöhnlich leicht, voll von Erinnerung an früheres Gehen.

Rainer Maria Rilke

„Der Mensch ist unglücklich, weil er nicht weiß, dass er glücklich ist“

Von der Zufriedenheit

Glücklich zu sein ist eine Lebenskunst, die manche beherrschen, ohne üben zu müssen. Andere dagegen müssen erst einmal lernen, wie es sich anfühlt, das Glück. Meiner Ansicht nach hat das viel mit Zufriedenheit zu tun. Manchmal habe ich den Eindruck, dass dieses Wort heute eine negative Bedeutung hat. Es klingt ein bisschen nach Selbstzufriedenheit, nach Stagnation, nach Sich-Einrichten, Sich-Arrangieren mit dem Zustand der Welt, ohne dass man daran noch etwas ändern möchte.

Für mich ist Zufriedenheit aber etwas anderes, nämlich die Fähigkeit, das, was man selbst an Reichtümern und Gaben besitzt, dankbar anzunehmen und auch zu schätzen zu wissen. Mit Reichtümern meine ich nicht das Geld auf dem Konto oder das Silberbesteck, das man von der Oma geerbt hat, sondern das, was man manchmal so selbstverständlich findet, dass es einem gar nicht mehr bewusst ist: die eigene Gesundheit, das Dach über dem Kopf, der Job, der mich und meine Lieben ernährt. Und mit Gaben meine ich das, was uns an Talenten und Fähigkeiten in die Wiege gelegt wurde und die jeden von uns zu einem ganz besonderen Menschen machen.

Sicher: Es gibt nach wie vor so viele Gründe, unzufrieden zu sein mit dem Zustand unserer Welt. Es gibt jeden Tag Dinge, über die man sich berechtigterweise ärgern und aufregen kann – aber es gibt auch genauso viele, über die man sich freuen kann. Und manchmal sind das sogar die gleichen Dinge – es kommt nur darauf an, mit welchen Augen man sie anschaut.

Gelassenheit

Gott gebe mir die Gelassenheit,
Dinge hinzunehmen,
die ich nicht ändern kann,
den Mut,
Dinge zu ändern,
die ich ändern kann,
und die Weisheit,
das eine vom anderen
zu unterscheiden.

Reinhold Niebuhr

Das Hemd des Glücklichen

Ein König war krank und ließ im Land verkünden, er wolle die Hälfte seines Reiches dem geben, der ihm Heilung bringe. Da versammelten sich die weisen Männer und beratschlagten, wie der König zu heilen wäre. Doch keiner wusste ein Mittel dagegen. Nur einer meinte, es sei dennoch Hilfe möglich. Er sagte: „Findet einen Menschen, der vollkommen glücklich ist. Zieht ihm das Hemd aus und dem König an, so wird er gesund." Sogleich wurden Boten entsandt, einen solchen Glücklichen zu suchen, und der Sohn des Königs zog ihnen voran. Aber sie konnten keinen Menschen finden, der mit seinem Schicksal zufrieden gewesen wäre. War einer reich, so litt er Krankheit und Schmerzen; war ein anderer gesund, so drückten ihn Armut und Not. Und fehlte einem Dritten auch nichts, erfreute er sich der Gesundheit und hatte er Geld die Fülle, so keifte im Hause eine böse Frau und ungeratene Kinder machten ihm Sorge. Kurz, jeder klagte über sein Los und nannte es ungerecht.

Eines Abends aber ging der Sohn des Königs an einer Hütte vorbei und hörte drinnen einen Menschen vor sich hin singen:

„Ich bin glücklich, glücklich, glücklich!
Mein Radieschen war vorzüglich.
Herrlich wärmte mich die Sonne.
Bin lebendig – lebenslang! Hej!

Und es zuckt mir in den Füßen
Werde tanzen mit der Süßen
Und mit ihr phantastisch schlafen!
Gott im Himmel, vielen Dank!“

Wie der Prinz diese Worte vernahm, ward er voll großer Freude und wollte das Hemd des Glücklichen für seinen Vater haben. Dem Armen sollte man Geld geben, wie viel er nur haben wollte. Die Diener des Königs kamen zu dem Glücklichen und wollten ihm das Hemd ausziehen; allein – der Fröhliche war so arm, dass er nicht einmal ein Hemd am Leibe hatte.

Traditionelle Erzählung

Das Köstlichste

Die besten Dinge im Leben sind die nahesten: der Atem zwischen deinen Nasenflügeln, das Licht in denen Augen, die Blumen zu deinen Füßen, die Pflichten in denen Händen, der richtige Weg direkt vor dir. Hasche folglich nicht nach den Sternen; vollbringe vielmehr die schlichte, einfache Aufgabe des Lebens, wie sie sich dir stellt. Handle mit der Gewissheit, dass die täglichen Pflichten und das tägliche Brot das Köstlichste sind, was das Leben zu bieten hat.

Robert Louis Stevenson

Hector nähert sich der Weisheit

Der Bahnhof in den Bergen war viel größer als der im Tal. Es war ein großer Betonwürfel. Drinnen gab es Restaurants, Souvenirläden und sogar ein Wachsfigurenkabinett mit Statuen von Tony Blair oder Sylvester Stallone. All das ähnelte immer weniger dem Blauen Lotos *(Hinweis auf ein Comicheft: „Tim und Struppi: Der Blaue Lotos“, A. d. H.),* und es begann Hector auf die Nerven zu gehen, vor allem, weil er sowieso keine besonders gute Laune hatte. Er verließ den Bahnhof und begann auf einer Landstraße zu spazieren, die höher ins Gebirge führte. Je höher er stieg, desto weniger Menschen begegnete er. Schließlich wanderte er ganz allein die Straße entlang. Die Berge um ihn waren sehr schön, ganz grün und ziemlich spitz, man sah gleich, dass es chinesische Berge waren. Hector war außer Atem, aber er fühlte sich viel besser.

Er blieb stehen, um in sein Notizbuch einzutragen: Lektion Nr. 6: Glück, das ist eine gute Wanderung im Gebirge.

Er überlegte noch einmal, strich dann „im Gebirge“ durch und schrieb dafür „inmitten schöner unbekannter Berge“.

Am Straßenrand erblickte er ein kleines Schild mit chinesischen Schriftzeichen, aber zum Glück stand auch in englischer Sprache darunter: „Tsu Lin Monastery“. Hector war sehr zufrieden. In diesem Kloster gab es vielleicht einen alten Mönch, der dem Vater von Tschang ähnelte und interessante Dinge über das Glück zu erzählen haben würde.

Der Weg zum Kloster stieg immer steiler empor, aber Hector verspürte keine Müdigkeit, denn er erwartete seine Ankunft mit Ungeduld. An manchen Wegbiegungen konnte er das Kloster schon erblicken, und – o Wunder! – es sah haargenau wie in „Der blaue Lotos“ aus. Mit seinen hübschen, gewellten Dächern und den kleinen quadratischen Fenstern wirkte dieses Kloster wirklich chinesisch.

Hector zog am Eingang an einem Seil, eine Glocke bimmelte, und ein Mönch kam, um das Tor aufzumachen. Er war jung und ähnelte eher Tschang selbst als seinem Vater, aber er hatte einen kahlrasierten Schädel und eine lange orange Robe. Er sprach sehr gutes Englisch und erklärte Hector, dass es nur einmal pro Woche Besuchszeiten gebe und an diesem Tag eben nicht. Hector war sehr enttäuscht: Kaum hatte er begonnen, sich besser zu fühlen, kam so eine schlechte Nachricht.

Hector wollte nicht lockerlassen; er erklärte, dass er von sehr weit her kam, dass er Psychiater war und begreifen wollte, weshalb die Leute glücklich oder unglücklich waren. Bis kommende Woche könne er aber nicht in China bleiben, nur um den Besuchstag abzuwarten. Der junge Mönch machte einen verlegenen Eindruck, er bat Hector zu warten und ließ ihn in einem kleinen Vorraum allein.

Es standen hier verschiedene Dinge zum Verkauf, welche die Mönche selbst angefertigt hatten, kleine Figuren, hübsche Untertassen, und Hector sagte sich, dass er etwas kaufen würde, als Geschenk für Clara.

Der junge Mönch kam zurück, und diesmal wurde er von einem alten Mönch begleitet, der so alt sein musste wie der Vater von Tschang! Der alte Mönch begann zu lachen, sobald er Hector sah, und sagte zu ihm: „Guten Tag. Sie kommen also von sehr weit her?“ Und er sagte es genau mit diesen Worten, wir haben gar nichts übersetzt, denn der alte Mönch sprach Hectors Sprache ebenso gut wie Hector selbst!

Er führte Hector in sein Büro, und Hector nahm an, er müsste sich dort auf kleine Strohmatten knien, weil es in diesem Raum keine Stühle geben würde. Doch so war es keineswegs, denn das Büro des Mönchs ähnelte ein bisschen Hectors Büro; es gab darin einen richtigen Schreibtisch, Stühle, viele Bücher, einen Computer, zwei Telefonapparate, kleine Skulpturen, die aber, anders als bei Hector, aus China kamen, und außerdem war die Aussicht über die Berge sehr schön.

Der alte Mönch erklärte ihm, dass er in seiner Jugend einige Jahre in Hectors Land zugebracht hatte, lange bevor Hector überhaupt geboren war. Er hatte dort studiert, aber um sich seinen Lebensunterhalt zu verdienen, hatte er in einer großen

Brasserie den Abwasch gemacht, in einer Brasserie, in der Hector sogar manchmal zu Mittag aß. Er stellte Hector eine Menge Fragen, um herauszufinden, ob es in diesem Land heute anders zuging als früher, und alles, was Hector sagte, schien ihm Vergnügen zu bereiten.

Hector erläuterte die Gründe für seinen Besuch. Er traf immer häufiger auf Leute, die ohne richtiges Unglück ziemlich unglücklich waren, und er wollte verstehen, weshalb.

Der alte Mönch hörte Hector sehr aufmerksam zu, und Hector sagte sich, dass hier auch jemand saß, der sich wirklich für die Leute interessierte.

Hector fragte ihn, ob er etwas Interessantes zum Thema Glück zu sagen habe.

Der alte Mönch meinte: „Der erste große Irrtum ist zu glauben, Glück wäre das Ziel!“ Und er begann wieder zu lachen.

Hector hätte gern gesehen, dass er sich ein wenig näher erklärte, aber der alte Mönch drückte sich gern ohne große Erläuterungen aus.

In Hectors Land wechselten ja auch immer mehr Leute zu der Religion des alten Mönchs, weil sie meinten, das würde sie glücklicher machen.

Der alte Mönch sagte, das stimme sicher, aber in Ländern wie dem von Hector verständen die Leute seine Religion oftmals nicht wirklich. Sie hätten sie sich nach ihrer Manier zurechtgemacht, ein wenig wie in den Chinarestaurants in Hectors Heimatstadt, in denen man nicht die echte chinesische Küche findet. Doch der alte Mönch meinte, dies sei zwar ein bisschen schade, aber auch nicht weiter schlimm, denn es konnte den Leuten helfen, sich weniger zu beunruhigen und freundlicher zu den anderen zu sein. Andererseits frage er sich schon, weshalb sich die Leute aus Hectors Land derart für seine Religion interessierten, wo es bei ihnen doch mehrere alte Religionen gab, die ganz in Ordnung waren. Vielleicht hätten sie besser daran getan, sich weiter für diese Religionen zu interessieren; sie hätten dann größere Chancen gehabt, sie richtig zu verstehen.

Hector sagte, das alles sei sehr kompliziert, und vielleicht hatten die Leute die Religion des alten Mönchs so gern, weil an ihr keine schlechten Erinnerungen hafteten. Daraus schöpfte man dann Hoffnung: Die Leute dachten, diese fremde Religion könnte wirklich funktionieren.

Auf jeden Fall schien sie bei dem alten Mönch zu funktionieren, denn niemals hatte Hector jemanden angetroffen, der so zufrieden war und so oft lachte, aber nicht, um andere auszulachen. Und dabei war er sehr alt, und sein Leben war gewiß nicht immer nur vergnüglich verlaufen.

Hector erinnerte sich, dass es eine Zeit gegeben hatte, in der die Leute, die über den größten Teil von China herrschten, Mönche für unnütze Leute hielten, und damals waren schreckliche Dinge vorgekommen, so schrecklich, dass man nicht mal von ihnen erzählen möchte. Und der alte Mönch kam genau aus diesem Teil von China und hatte all das miterleben müssen, aber es hinderte ihn nicht daran, einen glücklichen Eindruck zu machen.

Hector hätte es gern gesehen, wenn ihm der Mönch sein Glücksgeheimnis enthüllt hätte.

Der alte Mönch schaute ihn lachend an, und dann sagte er: „Ihre Reise, das ist eine sehr gute Idee. Kommen Sie mich auf dem Rückweg noch einmal besuchen.“

François Lelord

Der Traum von Freiheit und Glück

Drei Freunde stehen beisammen und unterhalten sich über das Leben.

„Wisst ihr“, sagt der eine, „in zehn Jahren werde ich 50. Dann möchte ich mich zur Ruhe setzen und das Leben nur noch genießen. Die Kinder sind versorgt, mein Ältester übernimmt meine Firma. Dann möchte ich mit meiner Frau verreisen, die Welt sehen, richtig lange unterwegs sein, Spaß haben, es mir gut gehen lassen. Bis dahin muss ich noch viel arbeiten, um mir alles zu ermöglichen. Doch dann bin ich endlich frei. Dann beginnt endlich das richtige Leben.“

Eine Woche später sagt ihm der Arzt, dass er Krebs hat.

Der andere denkt sich: Mensch, das Leben ist kurz und voller Überraschungen. Das soll mir nicht passieren. Ich werde es besser machen. Ich werde jetzt beginnen zu leben. Nicht später. Ich verkaufe die Firma sofort, ziehe in den Süden, verlasse meine Frau und suche mir eine hübsche junge Freundin. Ich werde all meine Träume jetzt sofort leben, all das, was ich immer schon wollte und mich nicht getraute. Ich werde es jetzt tun.

Da kommt ein Bus vorbei und überfährt ihn.

Der dritte Mann hatte dem Gespräch still zugehört und das Geschehene still beobachtet. Er macht einfach weiter wie bisher. Er arbeitet und führt ein ganz gewöhnliches Leben.

Ein anderer fragt ihn: „Sag, hast du nicht Angst, dass dir das Gleiche widerfährt, wie deinen Freunden? Willst du jetzt nicht auch dein Leben verändern und es noch besser machen?“

Der Mann lächelt, sieht den Wolken nach und antwortet nach einer Weile: „Ich wüsste nicht, wozu ich anders leben sollte, als ich es bisher tue. Ich wüsste nicht, wohin ich gehen sollte, um etwas zu suchen, was ich nicht ohnehin schon habe. Ich schließe die Augen und finde unendliche Freiheit. Ich schließe die Augen und finde sprudelndes Leben. Ich schließe die Augen und finde immense Zufriedenheit, Erfüllung und Glück. Ich schließe die

Augen und finde Wahrheit. Ich schließe die Augen und finde mich. Sag mir, was mehr kann es geben?“

Asmita Pistorius

Die drei Arbeiter

Beim Wiederaufbau der Frauenkirche in Dresden ging ein Tourist neugierig auf der Baustelle umher und schaute sich alles an. Als er einen Steinmetz sah, der unermüdlich einen Steinblock behaute, fragte er ihn: „Was machen Sie da?“

Der erwiderte mürrisch ohne Aufzuschauen: „Ich bearbeite Steine.“

Der Mann ging weiter und fragte einen weiteren Steinmetzen: „Was tun Sie da?“

Dieser schaute ihn an und erwiderte: „Ich verdiene so viel Geld, wie möglich, damit ich meine Familie ernähren und mein Haus abbezahlen kann.“

Der Mann wanderte weiter und fragte einen dritten Steinmetz, der lächelnd einen schweren Steinblock auf der Schulter trug: „Was tun Sie da?“

„Ich baue eine Kathedrale“, bekam er zur Antwort.

Traditionelle Erzählung

Kleiner Urlaub mit großen Folgen

Unser erster gemeinsamer Urlaub begann quietschvergnügt – nicht zuletzt, weil Mike und ich am Vorabend noch kräftig auf dem Oktoberfest gefeiert hatten, aber bereits um vier Uhr früh am Münchner Flughafen sein mussten. Da lohnte sich das Schlafen ja gar nicht. Also raus aus Lederhose und Dirndl, den wohlweislich bereits gepackten Koffer geschnappt und los ging's. Am Vormittag des 20. September waren wir bereits in unserem Hotel im tunesischen Hammamet. Direkt von der Wies'n in die Wüste. Ein Kulturschock, den wir in unserer Feierlaune locker wegsteckten.

Wir fläzten am Strand, unternahmen Kamelausritte und Quad-Touren, streiften über die Märkte, rauchten Wasserpfeife und fuhren mit dem Jeep quer durch die Wüste. Wir lernten Beduinen kennen, und – Reinhard und Wally. Die beiden waren etwa Mitte, Ende vierzig, Mike und ich Anfang bzw. Mitte dreißig. Wir verstanden uns sehr gut und verbrachten von nun an fast jeden Abend zusammen. Reinhard und Wally erzählten uns, dass sie in der Jugendherberge in Lindau am Bodensee arbeiteten. Er als Hausmeister, überdies im Betriebsrat, und sie als Aushilfe in der Cafeteria. Mike erzählte kuriose Geschichten, die er als Messebauer so erlebte, und ich hatte kurz erwähnt, dass ich bei MTV arbeitete. Wir schwatzten, tranken, lachten und lästerten, manchmal kamen wir ins Sinnieren und Philosophieren. Über Lottogewinne, die Liebe und das Leben.

Eines Abends kam die Rede auf Träume und Sehnsüchte. Auf die Frage nach meinen Zukunftsplänen wusste ich zunächst keine Antwort. Ich hatte ja nie großartig geplant, sondern immer im Jetzt gelebt. Darüber, wie es später einmal sein sollte, hatte ich mir nie große Gedanken gemacht. Das würde sich schon alles irgendwie ergeben. Was aber antwortet man dann, wenn man nach seinen Zukunftsträumen gefragt wird? Ich sprudelte heraus, was mir gerade in den Sinn kam: „Eine Frühstückspension in Italien, das wär doch was!“ Von so etwas träumte doch jeder. Mike spann die Idee weiter in Richtung Snowboarder-Pension in den Bergen und ich wollte daraus gleich noch einen Reiterhof für den Sommer machen. Mit zwanzig Fenstern auf der Sonnenseite. Für Reinhard anscheinend gar nichts so Abwegiges, denn er meinte: „Mensch, da wüsste ich was!“ Auf unsere Nachfrage begann er zu erklären: Im Skigebiet Sudelfeld bei Bayrischzell gäbe es eine wunderschön gelegene Jugendherberge, für die werde ein neues Leiterpaar gesucht. Hm, ja, und? Bei mir im Kopf klickte gar nichts.

„Ihr wärt genau die Richtigen dafür!“, begeisterte sich Reinhard. Der Herbergselternjob sei attraktiv und der Landkreis Miesbach überdies doch so schön, mit dem Leitzachtal, dem Schliersee und dem Wendelstein. Das Sudelfeld selbst sei auch ein Paradies, schwärmte er. Dazu muss man wissen, dass Reinhard selbst aus Miesbach stammt. Mir persönlich sagte das alles nicht so viel, denn ich konnte mir in diesem Moment nicht im Traum vorstellen, Herbergsmutter zu werden. Was für eine merkwürdige Idee. Völlig abwegig. In meiner Fantasie sah ich mich schon in Kittelschürze und Birkenstock-Sandalen unter Stockbetten herumkriechen. Dafür hatte ich doch wohl nicht studiert. Nein, welch ein Blödsinn. Außerdem hatte ich einen Superjob. Diese Gedanken behielt ich aber für mich, schließlich war ich bisher immer gut damit gefahren, mir zunächst einmal alles anzuhören und mir alle Optionen offenzuhalten. Letztlich wusste ich gar nichts über das Berufsbild Herbergseltern. Also keine voreiligen Schlüsse ziehen.

Die nächsten Abende ging es immer wieder mal um dieses Thema. Dass das Haus im Sudelfeld momentan verwaist sei. Und so schön läge … Mike und ich erfuhren mehr von dem, was Herbergsleiter so alles machen. Und das Bild, das ich bisher von Herbergsmama und -papa hatte, begann sich zu verändern. Nicht Kochtopf, sondern Kalkulation, und nicht Bettenmachen, sondern Businesspläne waren die Schwerpunkte der Hausleitung. Nicht Reinemachen, sondern Reservierungswesen stand im Vordergrund. Auch nicht Mutschelmehl, sondern Marketing. Und Personalverantwortung. Damit löste sich die Kittelschürze in Luft auf, aus den Birkenstock-Sandalen wurden Sneakers und ich musste meine Meinung komplett revidieren. Hier bewahrheitete sich mein indianisches Lieblingssprichwort: Urteile nie über jemanden, bevor du nicht eine Woche in seinen Birkenstocks, äh, Mokassins gelaufen bist. Trotzdem war ich noch nicht wirklich für die Sache entbrannt. Mike ging es genauso. Eines jedoch setzte sich in unsren Köpfen fest: die Idee, gemeinsam zu arbeiten. Bei mir kam noch etwas anderes hinzu: ein undefinierbares „Back-to-the-roots“-Gefühl. Zurück zu den Wurzeln, ins Landleben. Ein langsamerer Rhythmus. Heimat. Aber das war alles noch sehr vage.

Fakt war: Mit der Übernahme der Jugendherberge würde ich nicht nur mein bisheriges Leben völlig auf den Kopf stellen, sondern ich würde es auch untrennbar mit Mikes Leben verknüpfen beruflich wie privat. Das war meine kleinste Sorge, denn ich liebte Mike und konnte mir gut vorstellen, die nächsten Jahrzehnte mit ihm zu verbringen. Es gab weitere Fragen, die ich mir stellte: Sind Geld, Macht, Firmenwagen, verantwortungsvoller Job, toller Titel, letztendlich „Karriere“, wirklich der Schlüssel für ein glückliches Leben? Was bleibt letztendlich davon? Natürlich macht es Spaß, Erfolg zu haben. Ganz oben mitzuschwimmen. Aber bin ich wirklich dafür geschaffen, immer so weiterzuleben? Will ich unweigerlich ständig weiter nach oben? Dorthin, wo die Luft immer dünner wird? Will ich immer gehetzt sein, ständig „auf dem Sprung“? Immer den Kopf voller Dinge haben, die irgendwann auf den Magen schlagen? Und gleichzeitig immer weniger Zeit haben? Oder gibt es da noch etwas anderes? –

„Ja!“, schrie meine innere Stimme, „du hast ein tolles Angebot: Jugendherberge!“ Gut, dann nehme ich den Job nochmal genau unter die Lupe. Was ich bisher darüber erfahren hatte, klang gut. Interessant und abwechslungsreich. Beileibe kein „Dödl-Job“. Es wäre auch ein sicherer Arbeitsplatz. Zumindest, solange ich mich nicht allzu blöd anstellen, die Kasse ausräumen oder mit dem Unimog Bergrennen fahren würde. Es wäre überdies eine gemeinsame Aufgabe für Mike und mich. Wer hat das schon? Aber vielleicht sehr einsam, da oben auf dem Berg und weit weg von der nächsten Stadt, von jeglicher Infrastruktur? Ach nein, es gibt doch Telefon, Internet, Auto. Außerdem hab ich ja Mike. Also, nicht einsam, sondern gemeinsam. Darüber hinaus würde der Job kein finanzielles Risiko mit sich bringen, weil wir ja angestellt sein würden, das heißt weder Pacht noch Miete bezahlen müssten und dennoch größtmögliche Selbstbestimmung hätten. Wir könnten eigenverantwortlich arbeiten, aber ohne die Risiken einer Selbstständigkeit. Das waren doch gute Voraussetzungen. Also auf!

Bis dahin war mein Job, Geschichten zu „verkaufen“ und in den Medien zu platzieren. Als ich diesen Job aufgab, wurde die Geschichte meines Spurwechsels ihrerseits zum Gesprächsstoff. Das Thema wurde zum Selbstläufer. Immer wieder wurde ich gefragt, ob ich nicht Lust hätte, ein Interview zu geben, bei irgendeiner Talkshow mitzumachen oder für eine Berichterstattung zur Verfügung zu stehen. Machte ich gerne. Warum sollte ich meine Geschichte schließlich nicht erzählen? Ich wäre blöd gewesen, wenn ich abgelehnt hätte. Erstens machte mir das Spaß und zweitens war es gute Werbung für die Jugendherberge.

So war ich für den „Stern“ die „Sennerin von MTV“, die eine „etwas andere steile Karriere“ gemacht hatte. Im „SWR-Nachtcafe“ diskutierte ich neben Regisseurin Caroline Link und Österreichs Baulöwe Richard Lugner über den „Traum vom erfüllten Leben“ und das Bayerische Fernsehen drehte eine Reportage über meinen „Ausstieg ins Glück“. Das Interesse der Medien war groß und zielte fast immer in die gleiche Richtung: Was hat es auf sich mit dem „Weniger ist mehr“? Die „Süddeutsche Zeitung“ griff dieses Phänomen in einem großen Artikel über das „Ende des Rattenrennens“ auf. „Downshifting“ nennt man das jetzt, was sich fast wörtlich übersetzen lässt mit „Herunterschalten“, im Sinne eines Kürzertretens: weniger Einkommen, mehr Lebensqualität. Anscheinend war ich unbewusst zur Vorreiterin eines Trends geworden, der aus den USA zu uns herübergekommen sein soll. Und auch wenn es meine ureigenste Entscheidung war, Herbergsleiterin zu werden statt Medienfrau zu bleiben, erklärte mich der Spiegel Anfang 2007 zu „Deutschlands Vorzeige-Downshifterin“. Der „Münchner Merkur“ formulierte bald darauf: „Wie Angie Sebrich ihr Leben wiederfand“. Womit sich der Kreis schließt: nichts gesucht und viel gefunden.

Ich gehöre zur Fraktion derjenigen, für die das Glas halb voll ist, nicht halb leer. Schließlich kann es nur so irgendwann wieder ganz voll werden. Halb leer kippt es um. Allerdings habe ich inzwischen gelernt, dass Glück auch vorbereitet sein will. Man muss sich auf den Weg dorthin machen … und unterwegs nicht vergessen, dass das Leben im Hier und Jetzt stattfindet und darauf wartet, entdeckt zu werden.

Ja, ich hatte Glück. Und ich habe auch gelernt, dass sich Glück in zahlreichen Momente, Stimmungen oder Gefühlen offenbart. In kleinen Zeiteinheiten, die man manchmal gar nicht wahrnimmt, weil man im Stress ist, keine Muße dafür hat oder sich selbst im Weg steht. Auch ich kämpfe oft mit dem Uhrzeiger. Aber selbst, wenn die Zeit drängt, weil Lena und Lisa um halb neun im Kindergarten sein müssen und es schon fünf vor halb ist, eine Runde ausgiebig Herzen muss bei mir immer drin sein. Inklusive Spuckebussi. Das pumpt Glück in die Adern!

Es gibt so viele verschiedene Glücksarten. Meine sind nicht wissenschaftlich bewiesen, aber praktisch erprobt. Es lebt sich beispielsweise wesentlich entspannter, wenn man nicht auf die Kirschen in Nachbars Garten schielt, sondern auf das schaut, was man selbst hat. Neid ist ein Glückskiller. Die Glücksbringer aber sind meist näher, als man denkt. Freunde sind Glück. Familie. Eine Aufgabe zu haben. Gebraucht zu werden. Ein Haustier zu haben. Gesund zu sein. Oder wieder gesund zu werden. Pinkfarbene Schlittschuhe geschenkt zu bekommen. Oder ein Schnäppchen abzustauben. Karussell zu fahren. Eine Eins in Mathe. Nach einer Talkshow in einem tollen Hotel übernachten zu dürfen. Ein Picknick auf dem Jägerstand. Sand unter den Füßen. Ein Weißbier in der Abendsonne. Gelobt zu werden. Geliebt zu werden. Kinder zu haben.

Es gibt so vieles, was uns ein zufriedenes Lächeln aufs Gesicht zaubert. Wir müssen es nur erkennen und bewusst aufnehmen, am besten auf unserer eigenen Festplatte, unserem Hirn, abspeichern. Selbst, wenn das Marmeladenbrot fünf Mal vor dem Kindergarten auf der frischen Hose landet. Na und? Alles halb so schlimm. Wenn die Kurzen flügge geworden sind, denken wir wahrscheinlich sehnsüchtig an die pappigen Hände zurück. Und fragen uns altersmilde: Warum hab ich mich damals nur darüber aufgeregt? Lieber Marmelade auf der Hose als Zornesfalten auf der Stirn. Meine Ur-Oma, auch „Lach-Oma“ genannt, hat immer gesagt: „Im Alter bekommt man das Gesicht, das man verdient.“ Immer öfter habe ich den Eindruck, dass das stimmt. Meine Falten verlaufen zwar mittlerweile auch senkrecht, aber wesentlich mehr reichen quer über die Stirn: vom begeisterten Augenaufreißen. Hoffentlich bleibt das so …

Ich bin schnell entflammbar. Ein spontaner Bauchmensch. Warum drinnen essen, wenn draußen die Abendsonne lockt? Au ja! Pizza essen gehen und dabei Leute schauen. Nach Salzburg in den Zoo fahren. Mit den Kindern im Zelt schlafen. Alles ausprobieren und alles mitnehmen. Venezianische Lichter, ein bisschen trallala. Dem Alltag entfliehen, schöne Momente schaffen und Gefühle genießen. Abenteuer Leben. Her damit! Es hat ja jeder seine ganz individuelle Glücksbringerliste. Mit ganz unterschiedlichen Prioritäten. Und das ist gut so.

Oft werde ich gefragt, ob ich meine Entscheidung jemals bereut habe. Die Antwort ist immer die Gleiche: nein. Denn hätte ich meinen Entschluss bedauert, wäre ich nicht mehr hier. Jetzt ist die Zeit zu bleiben. Auch das ist eine Entscheidung. Wichtig ist nur, dass man sie wirklich getroffen hat. Nicht „Ich muss das ja machen, weil …“. Oder „Wenn

XY nicht wäre, würde ich …“. Nein. Entscheiden braucht den Mut, sich zu bekennen. Jeder zu seinem eigenen Lebensmodell, mit seinem eigenen Bauchgefühl. Und dann kann's losgehen.

Angie Sebrich

Löwenzahn

Ein Mann, der sehr stolz auf seinen Rasen war, stand plötzlich vor einer mit Löwenzahn übersäten Wiese. Er versuchte alles nur Denkbare, um den Löwenzahn loszuwerden, aber der kam immer wieder.

Schließlich schrieb er an das Landwirtschaftsministerium. Er zählte auf, was er alles versucht hatte, und schloss mit der Frage: „Was soll ich jetzt tun?“

Zu gegebener Zeit kam die Antwort: „Wie wär's, wenn Sie versuchten, ihn schön zu finden und den Löwenzahn zu lieben?“

Auch ich hatte einen Rasen, auf den ich stolz war, und auch ich wurde von Löwenzahn heimgesucht, den ich mit allen mir zur Verfügung stehenden Mitteln beseitigen wollte. Es war also nicht leicht, ihn schön zu finden.

Anthony de Mello

Optimismus und Pessimismus

Es war einmal ein König, der hatte zwei Söhne, Zwillinge. Aber obwohl sie sich äußerlich glichen wie ein Ei dem anderen, waren sie in ihrer Haltung dem Leben gegenüber so entgegengesetzt wie Tag und Nacht: Der eine war durch und durch ein Pessimist, der andere ein unverbesserlicher Optimist.

Als sie nun größer und älter wurden, dachte der König, dass es Zeit war, dass sich beide mit der Lebenseinstellung des jeweils anderen beschäftigten. Er hatte die Idee, dass er sie mit einem Geschenk zu dieser Erfahrung bringen wollte.

So ging er zu seinem Goldschmied und sagte: „Zu seinem Geburtstag soll mein Sohn, der Pessimist, die schönste und teuerste Uhr bekommen, die er je gesehen hat und die du je angefertigt hast. Gold, Diamanten, Platin – nimm, was du willst, Geld spielt keine Rolle.“

Dann ging er zu seinem Gärtner und sagte: „Ich möchte, dass du meinem Sohn, dem Optimisten, am Morgen seines Geburtstages am Fußende seines Bettes einen großen Berg Stallmist aufschüttest.“

Als nun der Geburtstag herangekommen war, ging der König gleich morgens zum Pessimisten. Der saß mürrisch auf seinem Bett und betrachtete die wunderschöne, kostbare Uhr, die ihm der König hatte anfertigen lassen.

„Na, was sagst du? Gefällt dir dein Geschenk?“, fragte der König.

„Och ja, sie ist ganz schön“, antwortete der, „aber ich finde sie ein bisschen zu verspielt für mich. Und außerdem ist sie eigentlich viel zu wertvoll, um sie zu tragen. Sie könnte gestohlen werden, verloren gehen, …“ Der König war schon aus dem Zimmer, er hatte genug gehört.

Also ging er zu seinem anderen Sohn, dem Optimisten. Dieser saß freudestrahlend im Bett und konnte es offensichtlich kaum erwarten, den König zu sehen und fiel ihm um den Hals.

„O Vater, was hast du mir eine Freude gemacht! Vielen Dank, das ist genau das, was ich mir immer gewünscht habe!“

Erstaunt fragte ihn der König, wofür er ihm denn so dankbar sei.

„Wofür? Aber Vater, für das Pferd natürlich!“

Traditionelle Erzählung

Was frag’ ich viel nach Geld und Gut?

Was frag’ ich viel nach Geld und Gut,
Wenn ich zufrieden bin!
Gibt Gott mir nur gesundes Blut,
So hab’ ich frohen Sinn
Und sing’ mit dankbarem Gemüt
Mein Morgen- und mein Abendlied.

So mancher schwimmt im Überfluss,
Hat Haus und Hof und Geld
Und ist doch immer voll Verdruss
Und freut sich nicht der Welt.
Je mehr er hat, je mehr er will,
Nie schweigen seine Klagen still.

Da heißt die Welt ein Jammertal
Und deucht mir doch so schön,
Hat Freuden ohne Maß und Zahl,
Lässt keinen leer ausgeh’n.
Das Käferlein, das Vögelein
Darf sich ja auch des Maien freu’n.

Und uns zu Liebe schmücken ja
Sich Wiese, Berg und Wald,
Und Vögel singen fern und nah,
Dass alles widerhallt;
Bei Arbeit singt die Lerch’ uns zu,
Die Nachtigall bei süßer Ruh’.

Und wenn die gold’ne Sonn’ aufgeht,
Und golden wird die Welt,
Und alles in der Blüte steht,
Und Ähren trägt das Feld,
Dann denk’ ich alle diese Pracht
Hat Gott zu meiner Lust gemacht.

Dann preis’ ich Gott und lobe Gott
Und schweb’ in hohem Mut
Und denk’: Es ist ein lieber Gott,
Der meint’s mit Menschen gut.
Drum will ich immer dankbar sein
Und mich der Güte Gottes freu’n.

Johannes Martin Miller

Reichtum

Ein Mann saß in einem Kaffee und erzählte seit geraumer Zeit seinem Tischnachbarn, wie schlecht es ihm ginge, wo er überall Schmerzen hätte, dass er kein Geld hätte und wie unerträglich das sein Leben mache.

Einer, der in seiner Nähe saß, wollte sich die Jammertirade nicht weiter anhören und mischte sich in das Gespräch ein: „Möchtest du vielleicht lieber blind sein, dafür aber zehntausend Euro haben?“, fragte er ihn.

„Sicher nicht!“, antwortete der Mann.

„Aber vielleicht möchtest du lieber stumm sein und stattdessen zwanzigtausend Euro besitzen“, schlug er vor.

„Nein, auf keinen Fall!“, war die Antwort.

„Dann ist es dir vielleicht lieber, wahnsinnig zu werden, aber dreißigtausend Euro dafür auf dem Konto zu haben?“

„Niemals!“

„Schämst du dich denn dann gar nicht, dass du Güter im Wert von sechzigtausend Euro besitzt und dich noch immer darüber beschwerst, wie schlecht es dir geht?“

Traditionelle Erzählung

„Sie ist das einzige Paradies, aus dem uns niemand vertreiben kann“

Von der Erinnerung

Einer der größten Schätze, die jeder Mensch besitzt, ist die Fähigkeit, sich zu erinnern. Sie ist so etwas wie unser ganz persönliches „Heimkino“. In den Filmen, die wir in unserem Kopf vor unserem geistigen Auge abspielen, gibt es weder Alter noch Tod, alle Mitwirkenden können immer genau so bleiben, wie wir sie in Erinnerung behalten wollen. Das Schöne ist: Wir sind unsere eigenen „Programmchefs“ und können uns selbst aussuchen, welchen „Film“ wir sehen möchten. Es gibt niemanden, der sich über die 50. Wiederholung beschwert, und wenn es uns selbst einmal zu viel werden sollte, immer den gleichen Film zu sehen, können wir ihn einfach ausschalten und nicht mehr daran denken.

Sicher kann unser Gedächtnis auch zum Fluch werden, wenn wir traumatische Erlebnisse hatten. Aber oft tragen wir auch eine solche Fülle an guten Erinnerungen mit uns herum, dass es nur wenige Menschen geben wird, die ihr Gedächtnis löschen würden, wenn sie könnten.

Erinnerungen sind nicht nur unsere ganz persönlichen Fotoalben, sondern auch so etwas wie Glücksdepots, aus denen wir in unglücklichen Zeiten schöpfen können. Mit ihnen können wir an andere Orte reisen und die Zeit anhalten. Wenn jemand uns seine Erinnerungen erzählt und damit weitergibt, können wir sogar Situationen erleben, bei denen wir gar nicht dabei waren. In solchen Augenblicken mag es sich anfühlen, als gäbe es in unserem Kino noch einen weiteren Zuschauer: die Ewigkeit.

Die wilde Miss vom Ohio

Ich rede von einem jener gott- und menschenverlassenen Eisenbahnpunkte, wo normale Fremde den Verstand verlieren, wenn sie nicht Schlafvirtuosen sind oder ein dichterisches Verständnis für die Poesie der Öde haben.

Als ich die Tür zur Wartehalle klinkte, flehte ich irgendeine überirdische Macht an, mich nicht in eine Gesellschaft zu lancieren, die über Bierqualitäten, Zufälle im Lotteriespiele oder: innere Politik polemisierte.

Es war jedoch nur ein einziger Gast anwesend, eine stattliche Baron-Offizier-Lebemannerscheinung, die mir gleich durch eine kurze Kopfbewegung zu verstehen gab, dass ich mich zu den unsichtbaren Geistern zählen dürfe. Das war ganz nach meinem Sinn, und ich drückte mich selbst in den entferntesten Winkel, gleichfalls ein deutliches *Noli me tangere* in meine Züge legend.

Der Herr „Ober“ bemühte sich, meine schlechte Stimmung auf den nervösesten Punkt zu schrauben, durch allerhand Schikanen, die ich in vier Humoresken und einer Tragödie zu verwenden gedenke. Dann allmählich schlief er am Zeitungsständer ein. Und nun war es still in der leeren Halle. Nur ein melancholischer Landregen nässelte an den Fensterscheiben. Der Baronartige starrte regungslos auf eine Flasche Burgunder. Ich hatte das Gefühl, dass ich ohne seine Gegenwart ein stimmungsvolles Gedicht verfassen könnte. Die Hände vor die Augen pressend, um ihn nicht mehr zu sehen, gewahrte ich durch die Fingerspalten, dass er energische und eigentlich mehr zielbewusste als blasierte Gesichtslinien hatte, dass eine breite Narbe an seiner Schläfe nicht übel wirkte und dass er einen pompösen, exotischen Ring trug.

Die Einsamkeit ist die Treppe zum Gedankenkeller. Sie ist selbstverständlich wertlos für denjenigen, der unten nichts auf Lager hat. Wer aber sein Fässchen oder gar Fässer, Tonnen dort liegen weiß – meistens die, welche oben nur wenig verzapfen – dem fällt es nicht schwer, die Stunden in dieser erfrischend kühlen Tiefe totzuschlagen.

Auch ich wollte mein Fläschchen Spiritus heraufholen, um damit den eingeborenen Zeltinger zu veredeln, den mir das Bahnhofsrestaurant zu Kriegspreisen aufgetischt hatte.

Der Baron war wirklich im Grunde ein recht sympathischer Mann. Er schien ebenfalls trübseliger Laune zu sein und saß noch immer wie ich über sein Glas gebeugt – Zigarrenrauch und Asche studierend. Da öffnete sich die Türe. Ein älterer, wettergebräunter Dritter im Jagdkostüm blieb auf der Schwelle stehen.

Der Baron bemerkte ihm sofort durch eine kurze Kopfbewegung, dass er sich zu den unsichtbaren Geistern zählen dürfe, und ich legte ein deutliches *Noli me tangere* in meine Züge. Der Jäger aber bediente sich einer noch überlegeneren Sprache. Er sah sich weder nach dem Baron noch nach mir um, sondern placierte sich mit geometrischer Geschicklichkeit so, dass er uns beiden gleichzeitig den Rücken zudrehte. Die schikanöse Einleitung des Kellners kürzte er dadurch ab, dass er ihn sehr bald mit Kamel anredete.

Ich fühlte mein Dichtermilieu durch einen struppigen Bart, verwegen rollende Augen und eine lokomotivierende Meerschaumpfeife erheblich gestört.

Erst als der wilde Mann mit einem Glas heißer Milch gestillt war und das dienstbare Kamel seine Journal-Ecke wieder eingenommen hatte, trat der status quo ein. Dieses Verhältnis nahm mit der Zeit einen ganz friedlichen Charakter an. Es war, als hätten wir ein stilles Abkommen getroffen, einander rücksichtsvoll zu ignorieren. Der Ofen begann wie in einer Anwandlung von Mitleid geheimnisvoll zu knistern. In tiefes Sinnen versunken, rührten wir uns nicht. Nur wenn der Kellner seine Beinstellung wechselte, hoben sich für einen Moment drei müde Häupter. Dann war alles tot.

An was denkt man in solcher Situation wohl?

Das wird immer individuell sein. Ich z. B. dachte – ach nein, das ist ganz gleichgültig.

Jedenfalls wurde die Ruhe plötzlich unterbrochen. Es war die seltsame Melodie eines mir unbekannten Liedes, halblaut durch die Zähne gesummt. Ich warf dem Jäger einen vorwurfsvollen Blick zu und beobachtete dann, wie der Baron sich verhielt.

Er hatte gleich mir den Kopf erhoben und außerdem eine Zeitung ergriffen, aber ich bemerkte, dass er hinter derselben neugierig den Jäger fixierte. Gleich darauf legte er das Blatt beiseite, leerte sein Glas mit einem nervösen Schluck, trommelte mit den Fingern auf das Tischtuch und stimmte leise pfeifend in das Lied, dasselbe Lied ein.

Nun sah auch der wilde Mann auf und schwieg. Der Baron schwieg gleichfalls. Es kam mir vor, als sei ein kleines Vorpostengefecht beendet.

Plötzlich erhob sich der Burgunderherr, trat mit ungezwungen vornehmer Haltung an den Jäger heran und sagte: „Mein Herr, erlauben Sie mir die Frage: Waren Sie je am Ohio?“

„Ja“, erwiderte der andere erstaunt.

„Und Sie kennen die wilde Miss vom Ohio?“

„The wild Miss? –“ Etwas wie ein wehmütig-glückliches Lächeln fuhr über das harte Jägergesicht. Er hielt dem Frager seine kräftige Rechte hin, und dann gab's einen Handschlag, den ich im Leben nicht wieder vergessen werde. Und nun rückten die beiden zusammen, und der Kellner wurde aus seinem Presseschlummer gejagt, um Sekt und Zigarren zu bringen, und dann begannen die beiden zu fragen und zu erzählen, und dazwischen stießen sie so feurig die Gläser zusammen, dass der Kellner jedes Mal zusammenfuhr.

Ich verstand kein Wort weiter von dem, was da besprochen wurde, aber ich glaubte den Inhalt zu erraten, und das Herz ward mir dabei weit, als sei ich berauscht.

Es musste eine köstliche, interessante Erzählung sein – aus dem Leben dieser Männer, und das Lied, woran sich beide erkannt hatten, sowie die wilde Miss vom Ohio mussten irgendeine romantische Rolle darin spielen. Leidenschaftliche, gefährlich-schöne, vielleicht teilweise sehr traurige Erlebnisse.

Ich sah ein einsames Licht aus dem nachtdunklen Ufergebüsch des Ohio blinken. Die wilde Miss stand vor mir, eine herrliche, heißblütige Kreolin mit tiefschwarzen, verführerischen Augen, und ich wob einen spannenden und ergreifenden Roman um sie.

Die Augen der Erzähler leuchteten begeistert, ihr Sekt schäumte, und der Zigarrenrauch umlagerte sie, wie Nebelwolken, den kühlen, schwarzen Fluten des Ohio entstiegen. Ich aber saß einsam in meiner Ecke und spürte eine so gewaltige Sehnsucht danach, auch Anteil an diesen bewegten Erinnerungen zu haben und hinzugeben, um zu sagen: Meine Herren, auch ich kenne das Lied, den Ohio und die wilde Miss. Darf ich mich zu euch setzen?

Glückliche, beneidenswerte Weltmenschen!

Noch nie hatte ich ein Alleinsein so bitter empfunden wie in dieser Stunde. Ich fasste den Entschluss, mir auch ohne Belege als Zuhörer einen Platz bei den beiden zu erbitten.

Da pfiff etwas. Ein Zischen – ein Rollen – der Zug lief ein. Ich habe weder den Jäger noch den Baron wiedergesehen. Die Geschichte der wilden Miss vom Ohio habe ich nie erfahren, aber wenn ich mich ihres Titels erinnere, habe ich eine hässliche, drückende Empfindung. Es ist das Gefühl des Unbefriedigtseins. Etwa wie wenn man während einer spannenden Lektüre nach der weggelegten Zigarre greift und plötzlich merkt, dass diese auf unerklärliche Weise abhanden gekommen ist. Nein, es ist ein ganz anderes, viel tieferes, trüberes Gefühl.

Joachim Ringelnatz

Roter Mohn

Es geschah an einem schönen sonnigen Tag. Die Straße war erfüllt von Kinderlärm, als plötzlich meine Welt zusammenbrach.

Ein Schrei tötete das Gelächter. Es war Jackie. Sie rannte auf mich zu. Ihr Gesicht war weiß vor Angst und Schrecken.

„Fynn“, rief sie, „o Gott! Fynn, Anna! Sie ist tot. Sie ist bestimmt tot.“

Eiswasser rann mir den Rücken hinunter. Ich rannte die Straße entlang. Da hing Anna quer über einem Zaun. Ihre Finger griffen kraftlos nach einem Halt. Ich hob sie herunter und wiegte sie in meinen Armen. Schmerz flackerte in ihren Augen.

„Bin vom Baum gefallen“, flüsterte sie.

„Ist gut, Fratz. Wird alles gut. Ich bin bei dir. Ich halte dich fest.“ Mir war so elend. Aus den Augenwinkeln sah ich etwas, das mich noch mehr erschreckte als das Kind in meinen Armen. Bei ihrem Sturz hatte Anna ein Stück von jenem schmiedeeisernen Geländer abgebrochen. Noch vor zwei Jahren hatte niemand so ein ähnliches Stück beachten wollen. Jetzt sah jeder dieses Eisenstück. Jeder sah die kristalline Bruchstelle, und sie war rot vor Scham. Rot wie Blut.

Ich trug Anna nach Haus und legte sie vorsichtig aufs Bett. Der Arzt kam, verband sie und ließ mich mit ihr allein. Ich hielt ihre kleinen Hände und schaute in ihr Gesicht, das sich schmerzlich verzog. Dann versuchte sie ein Lächeln. Das Lächeln gewann. Die Schmerzen versteckten sich. Dank Gott, sie wird gesund werden. Dank, Mister Gott!

„Fynn, wie geht es der Prinzessin?“, flüsterte Anna.

„Es geht ihr gut“, antwortete ich, aber ich wusste nicht, ob es stimmte.

„Sie saß auf einem Baum und konnte nicht wieder runter. Ich bin ausgerutscht.“

„Es geht ihr gut.“

„Sie hatte Angst, so viel Angst. Sie ist doch bloß ein Kind.“

„Es geht ihr gut. Ruh dich aus. Ich bleib bei dir. Hab keine Angst“, sagte ich.

„Ich hab keine Angst, Fynn. Kein bisschen.“

„Schlaf, Fratz. Schlaf ein bisschen. Ich bleib bei dir.“

Sie schloss die Augen und schlief ein. Es wird alles gut werden, es wird alles gut werden, es wird alles gut werden. Tief innen wusste ich es.

Zwei Tage hielt dieses beruhigende Gefühl an und vertrieb mir die Furcht. Ihr Lächeln und ihre Erzählungen von Mister Gott machten mich sicher. Meine Beklemmungen lösten sich.

Ich sah aus dem Fenster, als sie nach mir rief.

„Fynn?“

„Hier, Fratz. Was möchtest du?“ Ich wandte mich zu ihr.

„Fynn, es ist so komisch. Es kehrt sich alles von innen nach außen.“ Auf ihrem Gesicht malte sich Staunen. Eine Faust presste mir das Herz zusammen. Ich dachte an Oma Harding.

„Fratz!“ Meine Stimme war viel zu laut. „Fratz! Sieh mich an.“

Ihre Augen flackerten, als sie lächelte.

Ich stürzte zum Fenster, riss es auf. Cory war draußen. „Schnell, hol den Arzt!“

Cory nickte und raste davon. Plötzlich wusste ich Bescheid. Ich ging zurück an Annas Bett. Es war keine Zeit zum Weinen. Es war niemals Zeit zum Weinen. Kalte Angst saß in meinem Herzen. Ich hielt ihre Hand. Ich dachte, ich bat, ich betete, ich beschwor Mister Gott.

„Fynn“, flüsterte sie, und wieder lief ein Lächeln über ihr Gesicht. „Fynn, ich hab dich lieb!“

„Ich dich auch, Fratz.“

„Fynn, ich wette, Mister Gott lässt mich dafür in seinen Himmel rein.“

„Ich wette, er wartet persönlich auf dich am Tor.“

Ich wollte noch viel mehr sagen, aber sie hörte nicht mehr zu.

Die Tage brannten nieder wie große Kerzen. Die Zeit schmolz und gerann zu nutzlosen, hässlichen Klumpen. Zwei Tage nach Annas Begräbnis fand ich eine Schachtel, in der sie Samenkörner gesammelt hatte. Das gab mir Arbeit. Ich ging zum

Friedhof und stand dort eine Weile herum. Wäre ich ihr nur näher gewesen, hätte ich nur mehr von ihr gewusst. Hätte ich … hätte ich … Ich streute die Körner auf die frisch aufgeworfene Erde und warf die Schachtel fort.

Ich wollte Mister Gott hassen, wollte ihn aus meinem Leben werfen. Aber er ließ sich nicht verscheuchen. Er wurde realer als je zuvor. Ich konnte nicht hassen, höchstens verachten. Gott war ein Idiot, ein Dummkopf, ein Kretin. Er hätte Anna retten können; warum hatte er es nicht getan? Er ließ es einfach geschehen, und es war die unsinnigste Sache der Welt. Dieses Kind … es war noch nicht acht Jahre alt. Gerade als es … ach, zum Teufel.

Ich lebte weiter. Die Jahre vergingen. Manchmal zog der Geruch eines Holzkohlenfeuers durch meine Fantasie. Rübezahl, Knast-Willi, die verrückte Lilly, Anna und ich. Irgendwann geschah etwas, und ich weinte. Ich weinte zum ersten Mal nach Jahren. Ich ging aus an jenem Abend und blieb die Nacht lang draußen. Wolken segelten. Vielleicht stimmte mein Kummer nicht? Vielleicht war Annas Leben vollendet gewesen? Vielleicht war alles gar nicht sinnlos, kein idiotischer Zufall?

Am nächsten Tag ging ich zum Friedhof. Ich wusste, dass es nur ein kleines Holzkreuz gab und keinen Grabstein. Ich fand es erst nach einer Stunde. Ich atmete tief. Das Kreuz stand ein wenig schief, als sei es betrunken. Die Farbe blätterte ab.

Der Name war noch leserlich:

ANNA

Ich wollte lachen, aber man lacht nicht auf einem Friedhof. Aber ich musste lachen. Ich lachte, bis mir die Tränen über das Gesicht liefen. Ich zerrte das Kreuz heraus und warf es in ein Gebüsch.

„Also gut, Mister Gott“, lachte ich. „Du hast mich überzeugt. Guter alter Mister Gott. Du bist manchmal ein bisschen langsam, aber irgendwann kommt alles in Ordnung.“

Auf Annas Grab wuchs ein Teppich von blutrotem Mohn. Im Hintergrund standen Lupinen. Die Bäume redeten miteinander die Baumsprache. Anna war zu Hause. Sie brauchte keinen Grabstein. Eine Tonne feinsten Marmors würde diesen Platz nicht schöner machen. Ich blieb eine Weile stehen, und nach fünf Jahren sagte ich Anna zum ersten Mal: „Auf Wiedersehen.“

Auf dem Rückweg kam ich an dem großen Marmorengel vorbei. Er versuchte noch immer, seine marmornen Blumen auf das marmorne Grab zu legen.

„He du“, sagte ich zu ihm, „gib’s auf. Du schaffst das nie.“

Die eisernen Pforten öffneten sich. Ich sagte: „Die Antwort heißt ‚in mir drin, ganz in der Mitte‘.“

Und ein kurzer Schreck überfiel mich, als ich Anna sagen hörte:

„Und auf welche Frage ist das die Antwort, Fynn?“

„Das ist leicht. Die Frage heißt ‚Wo ist Anna?‘“

Ich hatte sie wiedergefunden. Und ich war sicher, irgendwo saßen Mister Gott und Anna nebeneinander und lachten.

Fynn

Abend im Oktober

Sie gehen im Garten an der Acacia Road auf und ab. Es dämmert; die Michaelismargariten leuchten hell wie Federn. Vom alten Birnbaum unten im Garten – dem schlanken, pappelähnlichen Baum – fällt eine kleine runde Birne, hart wie ein Stein.

„Hast du gehört, Katie! Kannst du sie finden? O Gott, das altvertraute Geräusch.“

Ihre Hände tasten über das dünne, feuchte Gras. Er findet die Birne und reibt sie mit seinem Taschentuch ab, unbewusst, wie in den alten Tagen.

„Erinnerst du dich noch, wie unglaublich viele Birnen jener alte Baum zu tragen pflegte?“

„Unten am Veilchenbeet.“

„Und wie wir nach einem Südwindsturm mit Wäschekörben hinunterliefen, um sie aufzulesen?“

„Und wie, während wir uns bückten, immer noch mehr herunterfielen und uns auf den Kopf und den Rücken plumpsten?“

„Und wie weit verstreut sie herumlagen, unter den Veilchenblättern, auf den Stufen und bis hinunter zum Lilienbeet? Wir fanden sie zertreten im Gras. Und wie schnell die Ameisen an sie gingen. Ich sehe das kleine Loch noch vor mir, mit einer Art von Fransen wie von braunem Pfeffer darum herum.“

„Weißt du, dass ich seither nie wieder solche Birnen gesehen habe?“

„Sie waren so glänzend, kanariengelb – und klein. Und die Schale war so dünn und die Kerne pechschwarz. Zuerst zog man den kurzen Stiel heraus und saugte an ihm. Er schmeckte säuerlich, und dann aß man sie immer von oben nach unten – Kerngehäuse und alles.“

„Die Kerne waren köstlich.“

„Erinnerst du dich noch, wie wir auf der rosa Gartenbank saßen?“

„Ich werde jene rosa Gartenbank nie vergessen. Sie ist die einzige Gartenbank für mich. Wo ist sie jetzt? Glaubst du, dass man uns im Himmel erlauben wird, darauf zu sitzen?“

„Sie wackelte immer ein wenig, und gewöhnlich waren die Spuren einer Schnecke darauf.“

„Auf dieser Bank zu sitzen, mit den Beinen zu schlenkern und die Birnen zu essen …“

„Aber ist es nicht merkwürdig, wie tief unser Glück war – wie unbedingt – tief, leuchtend, warm. Ich entsinne mich, wie wir einander anschauten und lächelten – du auch? – als ob wir ein Geheimnis teilten … Was war es wohl?“

„Ich glaube, es war das Familiengefühl – wir waren fast wie ein Kind. Ich sehe uns immer vereint umhergehen, vereint die Dinge betrachten, mit den gleichen Augen, diskutieren … Ich habe dies gerade vorhin wieder gefühlt – als wir im Gras die Birne suchten. Ich erinnerte mich, wie wir zusammen die Veilchenblätter zerzausten – o, jener Garten!“

„Weißt du noch, dass einige der gefundenen Birnen kleine Zahnspuren zeigten?“

„Ja.“

„Wer hat hineingebissen?“

„Es blieb immer ein Geheimnis.“

Er legt seinen Arm um sie. Sie gehen auf und ab. Und der runde Mond scheint auf den Birnbaum, und die Efeumauern schimmern metallisch. Die Luft riecht frostig … schwer … sehr kalt.

„Eines Tages werden wir zurückkehren – wenn alles vorbei ist.“

„Wir werden zusammen zurückgehen.“

„Und alles wiederfinden …“

„Alles!“

Katherine Mansfield

Der Besitz unseres Herzens

Dinge, die man als Kind geliebt hat,
bleiben im Besitz des Herzens bis ins hohe Alter.
Das Schönste im Leben ist,
dass unsere Seelen nicht aufhören,
an jenen Orten zu verweilen,
an denen wir einmal glücklich waren.

Khalil Gibran

Mit dem Leben verabredet

Beim Freundeskreistreffen in der Abbaye de Fontaine-André (CH) begegne ich vielen Menschen, die ich schon lange nicht mehr gesehen habe. Es tut mir gut, durch diese Begegnung zu sehen, wie vieles in all den Jahren wachsen und reifen konnte. Ganz unerwartet entdecke ich Schwester Senta im Kreis. Vor über 25 Jahren haben wir miteinander studiert. In der Zwischenzeit sind wir uns ab und zu begegnet, doch dann schon lange nicht mehr. Welch eine Überraschung, wir gehen aufeinander zu und umarmen uns herzlich. Kostbare Augenblicke, die mir in wenigen Sekunden viele gemeinsame Erinnerungen nahe bringen: herzhaftes Lachen, intensive Gespräche, gemeinsames Beten und Lernen, Teilen von Freud und Leid. Die Umarmung ist so unkompliziert, so spontan, so voller Lebensfreude, dass Schwester Senta ihren Klosterschleier verliert. Nicht nur unsere Katze scheint sich darüber zu freuen, sondern auch all die anderen rund herum genießen diese ungeplante Verabredung mit dem Leben. Die Zeit steht still. Mehr noch, sie lässt mich einen Moment meinen, dass wir erst gerade unser Studium abgeschlossen hätten und immer noch sehr jung seien. Aus diesen Gedankenspielereien holt mich Senta beim Aufheben ihres Schleiers mit einem schelmischen Lachen heraus: „Ich bin nun schon siebzig Jahre alt!“ Kein Grund, sich nicht 70 Jahre jung zu fühlen!

Pierre Stutz

„Weil du nicht bist wie alle andern"

Von der Liebe

Vielleicht ist die Liebe das größte „Glück, das in uns wohnt". Jedenfalls braucht man den meisten Menschen nicht erst noch zu erklären, dass Liebe glücklich macht. Jeder, der einen anderen liebt, hat es wohl schon einmal erfahren.

Liebe hat aber viele Facetten, und nicht nur die Liebe zum Partner macht uns glücklich, sondern auch die zu unseren Kindern, die zu der alten Frau von nebenan, die mit uns im Treppenhaus plaudert, die zu unserer Katze, die sich schnurrend unter unseren Händen ausstreckt und letztlich und vielleicht sogar an erster Stelle die zu uns selbst.

Manchmal ist Liebe wie eine Macht, die uns überkommt, manchmal wie ein leises Flüstern in unserem Ohr. Manchmal ist sie still und wortlos, ein anderes Mal möchte man sie herausschreien und in die Zeitung schreiben. Manchmal tut sie ein bisschen weh, weil der Abschied bevorsteht, manchmal tut sie weh, weil das Gefühl, zu lieben und geliebt zu werden, einem schier die Brust sprengt.

Von all dem und noch einigem mehr, was es über die Liebe zu wissen gibt, lesen Sie in den folgenden Texten.

Die brennende Lampe

Die Liebe ist ewig – ihr Aussehen mag sich ändern, nicht ihr Wesen. Der Unterschied zwischen einem Menschen, bevor er liebt, und dem gleichen Menschen, nachdem er verliebt ist, lässt sich mit dem Unterschied zwischen einer nicht angezündeten und einer brennenden Lampe vergleichen. Die Lampe war da und war eine gute Lampe, aber jetzt strahlt sie auch noch Licht aus, und damit erfüllt sie ihren eigentlichen Sinn.

Vincent van Gogh

Die Kinder

Auf meinem Schoße sitzet nun
und ruht der kleine Mann;
mich schauen aus der Dämmerung
die zarten Augen an.

Er spielt nicht mehr, er ist bei mir,
will nirgend anders sein;
die kleine Seele tritt heraus
und will zu mir herein.

Theodor Storm

Sommerabend

In deinem Garten ist's so schön! Alle meine Gedanken sind Bienen, sie kommen aus deinem duftenden Garten zum Fenster hereingeflogen, das ich mir geöffnet habe, und setzen da ihren Honig ab, den sie in deinem blütenreichen Garten gesammelt haben. Und so spät es ist, nach Mitternacht schon, so kommen sie doch noch einzeln und umsummen mich und wecken mich aus dem Schlaf; und die Bienen deines Gartens und die Bienen deines Geistes summen untereinander.

Liebe ist Erkenntnis, Schönheit ist das Geheimnis ihrer Erkenntnis, und so tief ist dies Geheimnis, dass es sich keinem mitteilt als nur dem Liebenden. Glaub's nur! Keiner besitzt das Geheimnis von dir, wie ich es besitze, das heißt: Keiner liebt dich, wie ich dich liebe.

Bettine von Arnim

Die weiße Rose

Rainer Maria Rilke ging in der Zeit seines Pariser Aufenthaltes regelmäßig über einen Platz, an dem eine Bettlerin saß, die um Geld anhielt. Ohne je aufzublicken, ohne ein Zeichen des Bittens oder

Dankens zu äußern, saß die Frau immer am gleichen Ort.

Rilke gab nie etwas, seine französische Begleiterin warf ihr häufig ein Geldstück hin.

Eines Tages fragte die Französin verwundert, warum er nichts gebe. Rilke antwortete: „Wir müssten ihrem Herzen schenken, nicht ihrer Hand.“

Wenige Tage später brachte Rilke eine eben aufgeblühte weiße Rose mit, legte sie in die offene, abgezehrte Hand der Bettlerin und wollte weitergehen. Da geschah das Unerwartete: Die Bettlerin blickte auf, sah den Geber, erhob sich mühsam von der Erde, tastete nach der Hand des fremden Mannes, küsste sie und ging mit der Rose davon.

Eine Woche lang war die Alte verschwunden; der Platz, an dem sie vorher gebettelt hatte, blieb leer.

Nach acht Tagen saß sie plötzlich wieder an der gewohnten Stelle. Sie war stumm wie damals, wiederum nur ihre Bedürftigkeit zeigend durch die ausgestreckte Hand.

„Aber wovon hat sie denn in all den Tagen gelebt?“, fragte die Französin. Rilke antwortete: „Von der Rose…“

Unbekannter Autor

Weil du nicht bist wie alle andern

Weil du nicht bist wie alle andern,
weil man dich niemals kaufen kann,
weil mit dir tausend Sterne wandern,
weil du auch Wölfin bist und Lamm.

Weil du noch Mut hast, um zu träumen,
weil in dir Schmetterlinge sind,
und weil du Zeit hast, dich an Bäumen
halbtot zu freuen wie ein Kind.

Weil du das große Abenteuer
wie ein Geheimnis mit dir führst,
weil du nicht satt bist und das Feuer
so vieler Leben in dir spürst.

Weil du nicht bist wie alle andern,
weil man dich niemals kaufen kann,
weil mit dir tausend Sterne wandern,
weil du auch Wölfin bist und Lamm.

Weil du noch in dir suchst und zweifelst,
auch wenn du dich dabei verlierst,
und deine Grenzen überschreitest
und weil du Recht hast, wenn du irrst.

Weil du Verbote einfach auslässt,
weil du Gesetze hasst wie ich,
weil du dich täglich etwas loslässt,
weil du die Schatten kennst vom Licht.

Weil du ein Herz hast wie ein Bahnhof,
aus dem ein Zug auf Reisen geht.
Und meine Stimme sagt: fahr nicht los,
wenn du für immer von mir gehst.

Weil du nicht bist wie alle andern,
auch wenn du ausgehst wie das Licht,
und mit dir tausend Sterne wandern,
weil es dich gibt, liebe ich dich.

Klaus Hoffmann

Von Herzen

Als ich vor ein paar Tagen mit dem Bus in die Stadt unterwegs war, stieg an einer Haltestelle ein Mann ein, der einen großen, wunderschönen Strauß Tulpen in den Händen hielt. Er setzte sich auf den freien Platz mir gegenüber und lächelte mich an. Es war ein trüber Februartag, es hatte wieder geschneit, und ich war den Winter so satt wie in kaum einem anderen Jahr. Wir hatten seit Wochen keinen blauen Himmel gesehen und ich hatte solche Sehnsucht nach Licht und Farbe, dass ich den Blick einfach nicht von den Tulpen wenden konnte. Sie leuchteten in einem Orangerot, das mir vorkam, als sei es die Sonne selbst. Immer wieder ertappte mich mein Gegenüber dabei, wie meine Augen zu den

Blumen wanderten und meine Sehnsucht stand mir wohl ins Gesicht geschrieben. Jedes Mal lächelte er mich an, und kurz vor dem nächsten Halt drückte er mir die Blumen in die Hand und sagte: „Ich habe Ihren Blick gesehen und weiß, wie sehr Sie diese Blumen lieben. Ich schenke sie Ihnen. Eigentlich hatte ich sie für meine Frau gekauft. Aber ich glaube, auch sie hätte gewollt, dass Sie die Blumen bekommen. Ich werde jetzt zu ihr gehen und ihr erzählen, dass ich sie Ihnen geschenkt habe.“ Damit hielt der Bus, und er war so schnell ausgestiegen, dass ich in meiner Verblüffung nicht einmal Zeit gehabt hatte, ihm zu danken. Ich schaute ihm nach und sah gerade noch, dass er durch das Eingangstor eines kleinen Friedhofs verschwand.

Traditionelle Erzählung

Dämmerstunde

Im Sessel du, und ich zu deinen Füßen,
das Haupt zu dir gewendet, saßen wir;
und sanfter fühlten wir die Stunden fließen,
und stiller ward es zwischen mir und dir;
bis unsre Augen ineinandersanken
und wir berauscht der Seele Atem tranken.

Theodor Storm

Amors Pfeil

Was Prügel sind, das weiß man schon; was aber die Liebe ist, das hat noch keiner herausgebracht. Einige Naturphilosophen haben behauptet, es sei eine Art Elektrizität. Das ist möglich; denn im Moment des Verliebens ist uns zumute, als habe ein elektrischer Strahl aus dem Auge der Geliebten plötzlich in unser Herz eingeschlagen. Ach!, diese Blitze sind die verderblichsten, und wer gegen diese einen Ableiter erfindet, den will ich höher achten als Franklin. Gäbe es doch kleine Blitzableiter, die man auf dem Herzen tragen könnte und woran eine Wetterstange wäre, die das schreckliche Feuer anderswohin zu leiten vermöchte! Ich fürchte aber, dem kleinen Amor kann man seine Pfeile nicht so leicht rauben wie dem Jupiter seinen Blitz und den Tyrannen ihr Zepter.

Außerdem wirkt nicht jede Liebe blitzartig; manchmal lauert sie, wie eine Schlange unter Rosen, und erspäht die erste Herzenslücke, um hineinzuschlüpfen; manchmal ist es nur ein Wort, ein Blick, die Erzählung einer unscheinbaren Handlung, was wie ein lichtes Samenkorn in unser Herz fällt, eine ganze Winterzeit ruhig darin liegt, bis der Frühling kommt und das kleine Samenkorn aufschießt zu einer flammenden Blume, deren Duft den Kopf betäubt. Dieselbe Sonne, die im Niltal Ägyptens Krokodileier ausbrütet, kann zugleich zu Potsdam an der Havel die Liebessaat in einem jungen Herzen zur Vollreife bringen – dann gibt es Tränen in Ägypten und Potsdam. Aber Tränen sind noch lange keine Erklärungen – Was ist die Liebe? Hat keiner ihr Wesen ergründet? Hat keiner das Rätsel gelöst? Vielleicht bringt solche Lösung größere Qual als das Rätsel selbst, und das Herz erschrickt und erstarrt darob, wie beim Anblick der Medusa. Schlangen ringeln sich um das schreckliche Wort, das dieses Rätsel auflöst – oh, ich will dieses Auflösungswort niemals wissen, das brennende Elend in meinem Herzen ist mir immer noch lieber als kalte Erstarrung. Oh, sprecht es nicht aus, ihr gestorbenen Gestalten, die ihr schmerzlos wie Stein, aber auch gefühllos wie Stein durch die Rosengärten dieser Welt wandelt und mit bleichen Lippen auf den törichten Gesellen herablächelt, der den Duft der Rosen preist und über Dornen klagt.

Wenn ich dir aber, lieber Leser, nicht zu sagen vermag, was die Liebe eigentlich ist, so könnte ich dir doch ganz ausführlich erzählen, wie man sich gebärdet und wie einem zumute ist, wenn man sich auf den Apenninen verliebt hat. Man gebärdet sich nämlich wie ein Narr, man tanzt über Hügel und Felsen und glaubt, die ganze Welt tanze mit. Zumute ist einem dabei, als sei die Welt erst heute erschaffen worden und man sei der erste Mensch. „Ach, wie schön ist das alles“, jauchzte ich, als ich Francescas Wohnung verlassen hatte. Wie schön und kostbar ist diese neue Welt! Es war mir, als müsste ich allen Pflanzen und Tieren einen Namen geben, und ich benannte alles nach seiner innern Natur und nach meinem eignen Gefühl, das mit den Außendingen so wunderbar verschmolz. Meine Brust war eine Quelle von Offenbarung, und ich verstand alle Formen und Gestaltungen, den Duft der Pflanzen, den Gesang der Vögel, das Pfeifen des Windes und das Rauschen der Wasserfälle. Manchmal hörte ich auch die göttliche Stimme: „Adam, wo bist du?“– „Hier bin ich, Francesca“, rief ich dann, „ich bete dich an, denn ich weiß ganz gewiss, du hast Sonne, Mond und Sterne erschaffen und die Erde mit allen ihren Kreaturen!“

Dann kicherte es aus den Myrtenbüschen, und heimlich seufzte ich in mich hinein: „O süße Torheit, verlass mich nicht!“

Heinrich Heine

Eine Liebesgeschichte

Joseph Waldemar Gritzan, ein großer, schweigsamer Holzfäller, wurde heimgesucht von der Liebe. Und zwar hatte er nicht bloß so ein mageres Pfeilchen im Rücken sitzen, sondern, gleichsam seiner Branche angemessen, eine ausgewachsene Rundaxt. Empfangen hatte er diese Axt in dem Augenblick, als er Katharina Knack, ein ausnehmend gesundes, rosiges Mädchen, beim Spülen der Wäsche zu Gesicht bekam. Sie hatte auf ihren ansehnlichen Knien am Flüßchen gelegen, den Körper gebeugt, ein paar Härchen im roten Gesicht, während ihre beträchtlichen Arme herrlich mit der Wäsche hantierten, in diesem Augenblick, wie gesagt, ging Joseph Gritzan vorbei, und ehe er sich's versah, hatte er auch schon die Wunde im Rücken.

Demgemäß ging er nicht in den Wald, sondern fand sich, etwa um fünf Uhr morgens, beim Pfarrer von Suleyken ein, trommelte den Mann Gottes aus seinem Bett und sagte: „Mir ist es, Herr Pastor, in den Sinn gekommen, zu heiraten. Deshalb möchte ich bitten um einen Taufschein.“

Der Pastor, aus mildem Traum geschreckt, besah sich den Joseph Gritzan ziemlich ungnädig und sagte: „Mein Sohn, wenn dich die Liebe schon nicht schlafen läßt, dann nimm zumindest Rücksicht auf andere Menschen. Komm später wieder, nach dem Frühstück. Aber wenn du Zeit hast, kannst du mir ein bißchen den Garten umgraben. Der Spaten steht im Stall.“

Der Holzfäller sah einmal rasch zum Stall hinüber und sprach: „Wenn der Garten umgegraben ist, darf ich dann bitten um den Taufschein?“

„Es wird alles genehmigt wie eh und je“, sagte der Pfarrer und empfahl sich.

Joseph Gritzan, beglückt über solche Auskunft,

begann dergestalt den Spaten zu gebrauchen, daß der Garten schon nach kurzer Zeit umgegraben war. Dann zog er, nach Rücksprache mit dem Pfarrer, den Schweinen Drahtringe durch die Nasen, melkte eine Kuh, erntete zwei Johannisbeerbüsche ab, schlachtete eine Gans und hackte einen Berg Brennholz. Als er sich gerade daranmachte, den Schuppen auszubessern, rief der Pfarrer ihn zu sich, füllte den Taufschein aus und übergab ihn mit sanften Ermahnungen Joseph Waldemar Gritzan. Na, der faltete das Dokument mit umständlicher Sorgfalt zusammen, wickelte es in eine Seite des Masuren-Kalenders und verwahrte es irgendwo in der weitläufigen Gegend seiner Brust. Bedankte sich natürlich, wie man erwartet hat, und machte sich auf zu der Stelle am Flüßchen, wo die liebliche Axt Amors ihn getroffen hatte.

Katharina Knack, sie wußte noch nichts von seinem Zustand, und ebenso wenig wußte sie, was alles er bereits in die heimlichen Wege geleitet hatte. Sie kniete singend am Flüßchen, walkte und knetete die Wäsche und erlaubte sich in kurzen Pausen, ihr gesundes Gesicht zu betrachten, was im Flüßchen möglich war.

Joseph umfing die rosige Gestalt – mit den Blicken, versteht sich –, rang ziemlich nach Luft, schluckte und würgte ein Weilchen, und nachdem er sich ausgeschluckt hatte, ging er an die Klattkä, das ist ein Steg, heran. Er hatte sich heftig und lange überlegt, welche Worte er sprechen sollte, und als er jetzt neben ihr stand, sprach er so: „Rutsch zur Seite.“

Das war, ohne Zweifel, ein unmißverständlicher Satz. Katharina machte ihm denn auch schnell Platz auf der Klattkä, und er setzte sich, ohne ein weiteres Wort, neben sie. Sie saßen so – wie lange mag es gewesen sein? – ein halbes Stündchen vielleicht und schwiegen sich gehörig aneinander heran. Sie betrachteten das Flüßchen, das jenseitige Waldufer, sahen zu, wie kleine Gringel in den Grund stießen und kleine Schlammwolken emporrissen, und zuweilen verfolgten sie auch das Treiben der Enten. Plötzlich aber sprach Joseph Gritzan: „Bald sind die Erdbeeren soweit. Und schon gar nicht zu reden von den Blaubeeren im Wald.“

Das Mädchen, unvorbereitet auf seine Rede, schrak zusammen und antwortete: „Ja.“

So, und jetzt saßen sie stumm wie Hühner nebeneinander, äugten über die Wiese, äugten zum Wald hinüber, guckten manchmal auch in die Sonne oder kratzten sich am Fuß oder am Hals.

Dann, nach angemessener Weile, erfolgte wieder etwas Ungewöhnliches: Joseph Gritzan langte in die Tasche, zog etwas Eingewickeltes heraus und sprach zu dem Mädchen Katharina Knack: „Willst Lakritz?“

Sie nickte, und der Holzfäller wickelte zwei Lakritzstangen aus, gab ihr eine und sah zu, wie sie aß und lutschte. Es schien ihr gut zu schmecken. Sie wurde übermütig–wenn auch nicht so, daß sie zu reden begonnen hätte –, ließ ihre Beine ins Wasser baumeln, machte kleine Wellen und sah hin und wieder in sein Gesicht. Er zog sich nicht die Schuhe aus.

Soweit nahm alles einen ordnungsgemäßen Verlauf. Aber auf einmal – wie es zu gehen pflegt in solchen Lagen – rief die alte Guschke, trat vors Häuschen und rief: „Katinka, wo bleibt die Wäsch’!“

Worauf das Mädchen verdattert aufsprang, den Eimer anfaßte und mir nichts dir nichts, als ob die Lakritzstange gar nichts gewesen wäre, verschwinden wollte. Doch, Gott sei Dank, hatte Joseph Gritzan das weitläufige Gelände seiner Brust bereits durchforscht, hatte auch schon den Taufschein zur Hand, packte ihn sorgsam aus und winkte das Mädchen noch einmal zu sich heran.

„Kannst“, sprach er, „lesen?“

Sie nickte hastig. Er reichte ihr den Taufschein und erhob sich. Er beobachtete, während sie las, ihr Gesicht und zitterte am ganzen Körper.

„Katinka!“, schrie die alte Guschke, „Katinka, haben die Enten die Wäsch’ gefressen?!“

„Lies zu Ende“, sagte der Holzfäller drohend. Er versperrte ihr, weiß Gott, schon den Weg, dieser Mensch.

Katharina Knack vertiefte sich immer mehr in den Taufschein, vergaß Welt und Wäsche und stand da, sagen wir mal: wie ein träumendes Kälbchen, so stand sie da.

„Die Wäsch’, die Wäsch’“, keifte die alte Guschke von Neuem.

„Lies zu Ende“, drohte Joseph Gritzan, und er war so erregt, daß er sich nicht einmal wunderte über seine Geschwätzigkeit. Plötzlich schoß die alte Guschke zwischen den Stachelbeeren hervor, ein geschwindes, üppiges Weib, schoß hervor und heran, trat ganz dicht neben Katharina Knack und rief: „Die Wäsch’, Katinka!“ Und mit einem tatarischen Blick auf den Holzfäller: „Hier geht vor die Wäsch’, Cholera!“

O Wunder der Liebe, insbesondere der masurischen; das Mädchen, das träumende, rosige, hob seinen Kopf, zeigte der alten Guschke den Taufschein und sprach: „Es ist“, sprach es, „besiegelt und beschlossen. Was für ein schöner Taufschein! Ich werde heiraten.“ Die alte Guschke, sie war zuerst wie vor den Kopf getreten, aber dann lachte sie und sprach: „Nein, nein, was die Wäsch’ alles mit sich bringt! Beim Einweichen haben wir noch nichts gewußt. Und beim Plätten ist es schon soweit.“

Währenddessen hatte Joseph Gritzan wiederum etwas aus seiner Tasche gezogen, hielt es dem Mädchen hin und sagte: „Willst noch Lakritz?“

Siegfried Lenz

Getanzter Abschied

Die beiden trieben ab, das Boot schwankte, bewegt durch das Schaukeln der Lachenden. Und wieder trug sie die Strömung dahin, der fächelnde Wind kräuselte das Wasser, brachte frischere Lüfte … Einmal legte die Claire die Hand auf den Bootsrand: diese ein wenig knochige und männliche Hand, auf deren Rücken blassblaue Adern sich strafften; sah man aber die holzgeschnitzten, langen Finger, so ahnte man, es war eine erfahrene Hand. Diese Fingerspitzen wussten um die Wirkung ihrer Zärtlichkeiten, kräftig und sicher spielten die Gelenke… Die Hand hing im Wasser und zog einen quirlenden Streif. Dunkelgrün und klar lagen die Ufer weit zurück.

Leuchtender, leuchtender Tag! – Da-sein, voraussetzungsloses Da-sein und immerfort wissen, dass eine ist, die gleich fühlt, gleich denkt … (Denkt, fühlt sie wirklich? Aber ist das nicht einerlei, wenn wir nur glauben?) Nun, wir glauben eben einmal, dass wir uns nur deshalb nicht begegnen, weil wir nebeneinander demselben Ziele zulaufen, gleich strebend, parallel – … Dies zu wissen – das ist Glück. Ein Seitenblick genügt: All deine Empfindungen sind hier noch einmal, aber umkleidet mit dem Reiz des Fremden. Wozu noch sprechen? – Wir wissen ohnehin. Wozu versichern, betonen? – Wir wissen, wir wissen. Und das Erlebnis und ich und sie – das gibt einen Klang, einen guten Dreiklang. Aber nun waren nur noch zwei Stunden bis zur Abfahrt.

„Wolfgang?“

„Claire?“

„Gehen wir noch ein bisschen spazieren? Komm, in die böhmischen Wälder!“

Und sie gingen durch den dämmerigen Park, in dem die Baumgruppen erdunkelten, sich schwärzlich auseinanderschoben ... Der Himmel war am Nachmittag schimmernd klar gewesen, – noch spannte er sich wie ein ungeheurer Bogen von Osten nach Westen, aber nun hatte er eine dunkle Färbung angenommen, er war fast schwarz, und weiße Wolkenflecken zogen rasch unter ihm dahin.

Gewiss blies hier der Wind immer so in die Baumwipfel, dass sie aufrauschten, strich durch die Stämme, raschelte schleifend im Laub... Sie empfanden: Abschied. Sie mussten fort. Leises Trauern ... noch einmal zogen sie die reine Luft ein. Abschied. Eine neue Etappe. Aber diese haben wir gelebt.

Der Weg führte auf einen Hügel, durch Wiesen und an schwärzlichen Sträuchern vorbei. Sie sprachen nichts. In der Höhe glänzten helle Fenster einer Villa. Töne? ... Da oben gab es Musik. Sie schritten aufwärts. Blieben im Dunkel stehen. Das gelbe Licht traf sie nicht: Es bestrahlte einige Zweige der Linden, die am Haus gepflanzt waren. War es ein

Ball? – Ein Walzer kam. – Die Geigen – es musste eine starkbesetzte Kapelle sein – zogen süß dahin, sie sangen das Thema, ein einfaches, liebliches, in langen Bogenstrichen. Verstummten. Aber nun nahmen es alle Instrumente auf, forte, und es war, wie wenn zarte Heimlichkeiten ans Licht gezogen würden. Mit Wehmut dachte man an die Pianopassagen. Aber auch so machte es einen schweben, und der Rhythmus, dieser wiegende, schleifende Rhythmus zuckte und warb. Sie standen unruhig, hatten sich bei den Händen gefasst, reckten sich ... Und da brach die Lustigkeit prasselnd durch: In tausend kleinen Achteln, die klirrten, wie wenn glitzernde Glasstückchen auf Metall fielen, brach sie durch, die Geigen jubelten und kicherten, die Bässe rummelten fett und amüsiert in der Tiefe, und auch der Zinkenist machte kein Hehl daraus, dass ihn das Ganze aufs Höchste erfreute. Der Teil wiederholte sich, wieder kletterten die Geigen in die schwindelnde Höhe, guckten von ihrem hohen Sopran in die Welt, und schließlich lösten sich die Töne auf zierliche, spielerische Weise in nichts auf. Dröhnten nicht drei Paukenschläge? – Ein Dominantakkord erklang. Ein Lauf, von der Flöte gepfiffen, machte neugierig, gespannt ... Und wieder ein Lauf, die Geigen folgten, die Melodie blieb auf einem neuen Dominantakkord stehen ... Pause ... Und das alte, süße Thema kehrte in den Geigen wieder, hier war Erinnerung, heimliche Freuden und alles verliebte Flüstern der Welt! – Und da packte es die zwei, und sie drehten sich langsam, schwebend, und sie tanzten auf dem struppigen Rasen, schweigend, ruhig anfangs, dann schneller und schneller ... Noch einmal bliesen Fanfaren königlich und stolz, kaum wiederzuerkennen, das Thema, dann wirbelten die beiden tanzend den Abhang herunter.

Kurt Tucholsky

„Morgen wird ein anderer Tag sein“

Von der Hoffnung

Hoffnung ist eine Kraft im Menschen, die ihn immer wieder über sich selbst hinauswachsen lässt: Er erträgt mehr, als es jemals möglich schien, wenn er im Herzen die Hoffnung bewahrt; er verwirklicht seinen Traum, obwohl der so unerreichbar wie der Himmel erscheint; er kann in der größten Not lächeln und anderen Zuversicht geben, wenn er sich von der Hoffnung getragen fühlt.

„Die Hoffnung stirbt zuletzt“ – das heißt nicht nur, dass man bis zum Schluss immer noch daran glaubt, dass sich etwas zum Guten hin wenden kann, sondern auch, dass der Mensch oft dann stirbt, wenn ihm seine Hoffnung abhandenkommt, wenn er es aufgibt, an ein besseres Morgen zu glauben.

Hoffnung ist aber nicht nur etwas, was uns am Leben hält, sondern auch eine Kraft, die uns an Veränderung glauben lässt, die uns sozusagen „auf der Spur hält“, dass wir unsere Träume und Pläne verwirklichen. Sie hilft uns, dass wir uns nicht abbringen lassen von unserer Idee vom Glück, auch wenn das in weiter Ferne zu liegen scheint.

Manchmal macht man sich mit diesem Glauben in den Augen der anderen zum Narren, der Luftschlösser baut. Oft genug haben es aber gerade diese Narren geschafft, scheinbar Unveränderliches doch noch zu ändern, selbst wenn sie die Erfüllung ihres Traums nicht immer miterleben konnten. Gäbe es mehr solcher „glücken Narren", wäre die Welt vielleicht ein bisschen besser, als sie es ist.

Das Märchen von der traurigen Traurigkeit

Es war einmal eine kleine Frau, die einen staubigen Feldweg entlanglief. Sie war offenbar schon sehr alt, doch ihr Gang war leicht und ihr Lächeln hatte den frischen Glanz eines unbekümmerten Mädchens.

Bei einer zusammengekauerten Gestalt, die am Wegesrand saß, blieb sie stehen und sah hinunter.

Das Wesen, das da im Staub des Weges saß, schien fast körperlos. Es erinnerte an eine graue Decke mit menschlichen Konturen.

Die kleine Frau beugte sich zu der Gestalt hinunter und fragte: „Wer bist du?"

Zwei fast leblose Augen blickten müde auf. „Ich? Ich bin die Traurigkeit", flüsterte die Stimme stockend und so leise, dass sie kaum zu hören war.

„Ach die Traurigkeit!", rief die kleine Frau erfreut aus, als würde sie eine alte Bekannte begrüßen.

„Du kennst mich?“, fragte die Traurigkeit misstrauisch.

„Natürlich kenne ich dich! Immer wieder einmal hast du mich ein Stück des Weges begleitet.“

„Ja, aber...“, argwöhnte die Traurigkeit, „warum flüchtest du dann nicht vor mir? Hast du denn keine Angst?“

„Warum sollte ich vor dir davonlaufen, meine Liebe? Du weißt doch selbst nur zu gut, dass du jeden Flüchtigen einholst. Aber, was ich dich fragen will: Warum siehst du so mutlos aus?“

„Ich..., ich bin traurig“, sagte die graue Gestalt.

Die kleine, alte Frau setzte sich zu ihr. „Traurig bist du also“, sagte sie und nickte verständnisvoll mit dem Kopf. „Erzähl mir doch, was dich so bedrückt.“

Die Traurigkeit seufzte tief.

„Ach, weißt du“, begann sie zögernd und auch verwundert darüber, dass ihr tatsächlich jemand zuhören wollte, „es ist so, dass mich einfach niemand mag. Es ist nun mal meine Bestimmung, unter die Menschen zu gehen und für eine gewisse Zeit bei ihnen zu verweilen. Aber wenn ich zu ihnen komme, schrecken sie zurück. Sie fürchten sich vor mir und meiden mich wie die Pest.“

Die Traurigkeit schluckte schwer.

„Sie haben Sätze erfunden, mit denen sie mich bannen wollen. Sie sagen: ‚Papperlapapp, das Leben ist heiter‘, und ihr falsches Lachen führt zu Magenkrämpfen und Atemnot. Sie sagen: ‚Gelobt sei, was hart macht’, und dann bekommen sie Herzschmerzen. Sie sagen: ‚Man muss sich nur zusammenreißen’, und sie spüren das Reißen in den Schultern und im Rücken. Sie sagen: ‚Nur Schwächlinge weinen’, und die aufgestauten Tränen sprengen fast ihre Köpfe. Oder aber sie betäuben sich mit Alkohol und Drogen, damit sie mich nicht fühlen müssen.“

„O ja“, bestätigte die alte Frau, „solche Menschen sind mir auch schon oft begegnet …“

Die Traurigkeit sank noch ein wenig mehr in sich zusammen. „Und dabei will ich den Menschen doch nur helfen. Wenn ich ganz nah bei ihnen bin, können sie sich selbst begegnen. Ich helfe ihnen, ein Nest zu bauen, um ihre Wunden zu pflegen. Wer traurig ist hat eine besonders dünne Haut. Manches Leid bricht wieder auf wie eine schlecht verheilte Wunde und das tut sehr weh. Aber nur, wer die Trauer zulässt und all die ungeweinten Tränen weint, kann seine Wunden wirklich heilen. Doch die Menschen wollen gar nicht, dass ich ihnen dabei helfe. Stattdessen schminken sie sich ein grelles Lachen über ihre Narben. Oder sie legen sich einen dicken Panzer aus Bitterkeit zu.“

Die Traurigkeit schwieg. Ihr Weinen war erst schwach, dann stärker und schließlich ganz verzweifelt. Die kleine, alte Frau nahm die zusammengesunkene Gestalt tröstend in ihre Arme. Wie weich und sanft sie sich anfühlt, dachte sie und streichelte zärtlich das zitternde Bündel.

„Weine nur, Traurigkeit“, flüsterte sie liebevoll, „ruh dich aus, damit du wieder Kraft sammeln kannst. Du sollst von nun an nicht mehr alleine wandern. Ich werde dich begleiten, damit die Mutlosigkeit nicht noch mehr Macht gewinnt.“

Die Traurigkeit hörte auf zu weinen. Sie richtete sich auf und betrachtete erstaunt ihre neue Gefährtin: „Aber ..., aber – wer bist eigentlich du?“

„Ich?“, fragte die kleine, alte Frau schmunzelnd. „Ich bin die Hoffnung.“

Traditionelle Erzählung

Ich habe einen Traum

Ich weiß wohl, dass manche unter euch hierher gekommen sind aus großer Bedrängnis und Trübsal. Einige von euch sind direkt aus engen Gefängniszellen gekommen. Einige von euch sind aus Gegenden gekommen, in denen ihr aufgrund eures Verlangens nach Freiheit mitgenommen und erschüttert wurdet von den Stürmen der Verfolgung und polizeilicher Brutalität. Ihr seid die Veteranen schöpferischen Leidens. Macht weiter und vertraut darauf, dass unverdientes Leiden erlösende Qualität hat.

Geht zurück nach Mississippi, geht zurück nach Georgia, geht zurück nach Louisiana, geht zurück in die Slums und Gettos der Großstädte im Norden in dem Wissen, dass die jetzige Situation geändert werden kann und wird. Lasst uns nicht Gefallen finden am Tal der Verzweiflung.

Heute sage ich euch, meine Freunde, trotz der Schwierigkeiten von heute und morgen habe ich einen Traum. Es ist ein Traum, der tief verwurzelt ist im amerikanischen Traum. Ich habe einen Traum, dass eines Tages diese Nation sich erheben wird und der wahren Bedeutung ihres Credos gemäß leben wird: „Wir halten diese Wahrheit für selbstverständlich: dass alle Menschen gleich erschaffen sind.“

Ich habe einen Traum, dass eines Tages auf den roten Hügeln von Georgia die Söhne früherer Sklaven und die Söhne früherer Sklavenhalter, miteinander am Tisch der Brüderlichkeit sitzen können.

Ich habe einen Traum, dass sich eines Tages selbst der Staat Mississippi, ein Staat, der in der Hitze der Ungerechtigkeit und Unterdrückung verschmachtet, in eine Oase der Gerechtigkeit verwandelt.

Ich habe einen Traum, dass meine vier kleinen Kinder eines Tages in einer Nation leben werden, in der man sie nicht nach ihrer Hautfarbe, sondern nach ihrem Charakter beurteilen wird. Ich habe einen Traum heute …

Ich habe einen Traum, dass eines Tages in Alabama mit seinen bösartigen Rassisten, mit seinem Gouverneur, von dessen Lippen Worte wie „Intervention“ und „Annullierung der Rassenintegration“ triefen ..., dass eines Tages genau dort in Alabama kleine schwarze Jungen und Mädchen die Hände schütteln mit kleinen weißen Jungen und Mädchen als Brüder und Schwestern. Ich habe einen Traum, dass eines Tages jedes Tal erhöht und jeder Hügel und Berg erniedrigt wird. Die rauen Orte werden geglättet und die unebenen Orte begradigt werden. Und die Herrlichkeit des Herrn wird offenbar werden, und alles Fleisch wird es sehen. Das ist unsere Hoffnung. Mit diesem Glauben kehre ich in den Süden zurück. Mit diesem Glauben werde ich fähig sein, aus dem Berg der Verzweiflung einen Stein der Hoffnung zu hauen. Mit diesem Glauben werden wir fähig sein, die schrillen Missklänge in unserer Nation in eine wunderbare Symphonie der Brüderlichkeit zu verwandeln.

Mit diesem Glauben werden wir fähig sein, zusammen zu arbeiten, zusammen zu beten, zusammen zu kämpfen, zusammen ins Gefängnis zu gehen, zusammen für die Freiheit aufzustehen, in dem Wissen, dass wir eines Tages frei sein werden. Das wird der Tag sein, an dem alle Kinder Gottes diesem Land eine neue Bedeutung geben können: „Mein Land, von dir, du Land der Freiheit, singe ich. Land, wo meine Väter starben, Stolz der Pilger, von allen Bergen lasst die Freiheit erschallen.“ Soll Amerika eine große Nation werden, dann muss dies wahr werden.

Wenn wir die Freiheit erschallen lassen – wenn wir sie erschallen lassen von jeder Stadt und jedem Weiler, von jedem Staat und jeder Großstadt, dann werden wir den Tag beschleunigen können, an dem alle Kinder Gottes – schwarze und weiße Menschen, Juden und Heiden, Protestanten und Katholiken – sich die Hände reichen und die Worte des alten Negro Spiritual singen können: „Endlich frei! Endlich frei! Großer allmächtiger Gott, wir sind endlich frei!“

Martin Luther King

Dir zum Trotz

Im Schewet Jehuda, einem der wichtigsten jüdischen Märtyrerbücher und zugleich einem der besten, finden wir folgende Geschichte:

„Eines Tages im Spanien des sechzehnten Jahrhunderts wurde eine jüdische Gemeinde entwurzelt und ins Exil verbannt. Sie flüchteten auf einem Schiff, das irgendwann irgendwo am Rande einer Wüste strandete. Unter den Flüchtlingen war eine vierköpfige Familie – ein Mann mit seiner Frau und ihren zwei Kindern. Hunger und Durst quälten sie, und so machten sie sich in der Hoffnung auf den Weg, eine Stadt zu finden, ein Dorf, einen gastfreundlichen Ort. Sie fanden niemanden. Sie hörten nicht auf, zu gehen und zu hoffen, als der Hunger unerträglich wurde.

Eines Abends waren sie zu erschöpft, um weiter voranzukommen. So entschlossen sie sich zu rasten. Sie waren vier, als sie einschliefen, nur drei erwachten. Sie begruben die Mutter, sagten das Kaddisch, das Totengebet, für sie und setzen ihren Marsch aus dem Nichts in das Nichts fort. Schließlich mussten sie wieder rasten. Drei legten sich nieder, und nur zwei erwachten, der Vater und eines der Kinder. Sie begruben das andere Kind, sie sagten das Kaddisch. Das nächste Mal legten sich beide zur Rast, und nur der Vater wachte auf. Darauf nahm er sein totes Kind auf seinen Arm und sprach zu Gott: „Herr des Universums, seine Mutter starb an Hunger, ich sagte das Kaddisch. Sein Bruder starb an Hunger, ich sagte das Kaddisch. Nun starb er selbst an Hunger, und ich weiß, was du von mir willst. Du willst mich prüfen, du willst mich an den Rand der Verzweiflung treiben, du willst, dass ich aufhöre, an dich zu glauben, mich nach deiner Nähe zu sehnen. Nun, Herr des Universums, ich sage dir: Nein! Es wird dir nicht gelingen. Ich werde weiter an dich glauben, dir zum Trotz, und ich werde das Kaddisch sagen.“

Er hätte weiterreden können, reden müssen: „Herr des Universums, du drangst mich, du zwingst mich, du prüfst mich. Du willst, dass ich aufhöre, an den Menschen zu glauben. Ich werde es nicht tun. Dir zum Trotz und dem Menschen zum Trotz werde ich weiter an den Menschen glauben.“ – Er sagte es nicht, und vielleicht müssen wir es für ihn sagen.

Elie Wiesel

Die Grille im Mond

Vor langer Zeit lebte einmal eine Grille, die davon träumte, auf den Mond zu hüpfen. Sie stellte es sich toll vor, von dort aus auf die Erde schauen zu können und ihre Welt einmal aus einer ganz anderen Perspektive zu sehen. Also machte sie sich daran, jede Nacht im Mondschein so hoch zu springen, wie sie nur konnte. Manchmal schaffte sie es sogar fast bis auf die Äste der jungen Bäume, aber der Mond blieb in unerreichbarer Entfernung.

Die anderen Grillen, die das beobachteten, machten sich über sie lustig. „So ein Unsinn – auf den Mond springen! Das geht doch gar nicht!“ Und hinter ihrem Rücken wurde über sie gelacht, bis sie nur noch „die Verrückte“ genannt wurde.

Die Grille hingegen kümmerte das nicht. Sie blieb dabei und versuchte Nacht um Nacht, den Mond endlich zu erreichen.

Mit der Zeit wurde sie älter und schwächer. Die Gelenke schmerzten ihr vom ständigen Hüpfen und vom harten Aufprallen auf den Boden. Und eines Tages konnte sie gar nicht mehr springen und auch nicht mehr ihr Lied zirpen. Die anderen Grillen lachten weiter über sie, aber sie ließ sich auch von ihren Gebrechen nicht von ihrem Traum abhalten und krabbelte stattdessen nun nachts die Bäume hoch, um so den Mond vielleicht doch noch zu erreichen. Eines Tages gingen ihr die Kräfte aus und sie starb.

Eine so kuriose Figur wie die Grille, die auf den Mond springen will, vergisst man jedoch nicht, und so erzählten die Eltern ihren Kindern davon und diese wiederum ihren eigenen Kindern. Aus den anfänglichen Witzen wurden Geschichten, und über einige Generationen wurden diese übers Erzählen immer länger, bis man die Grille sogar in Liedern besang, die alle Grillen singen konnten.

Und so kommt es, dass sie bis auf den heutigen Tag über die Abenteuer der Grille singen. „Sieh mal!“, sagt die Grillenmama zu ihrem Kind, „da ist sie! Du kannst ihr Gesicht in den Schatten des Mondes sehen, sie schaut auf uns hinunter.“

Und so ist der Traum der Grille nach vielen, vielen Jahren doch noch in Erfüllung gegangen.

Traditionelle Erzählung

Morgen wird ein anderer Tag sein

Morgen wird ein anderer Tag sein,
eine andere Sonne wird aufgehen,
die Lerchen werden singen.
Es wird mehr Leben haben.

Morgen wird ein anderer Tag sein.
Neues Lächeln wird erblühen,
so frisch und neu belebt
wie plätscherndes Wasser.

Morgen wird ein anderer Tag sein
und dann werde ich hüpfen
freudig wie eine Amsel.
Das Leben wird mir noch mehr gehören.

Ja, morgen wird ein anderer Tag sein.
Jubel und Hoffnung
werden sich alsdann vereinigen.

Fliehend wird der Tod davoneilen,
ohne seine Niederlage zu verbergen.

Er wird sich vor dem Leben verneigen.

Luis Zambrano

Man sieht nur mit dem Herzen gut

In einem Krankenhaus lagen zwei Männer zusammen in einem Zimmer, die beide sehr schwer krank waren. Ihr Zimmer hatte nur ein Fenster, und so konnte auch nur einer von den beiden sein Bett in der Nähe dieses Fensters haben. Einer der beiden hatte ein Lungenleiden und bekam daher den begehrten Platz. Er ließ sich auch gleich das Bett so nah wie es ging ans Fenster schieben.

Obwohl beide fest in ihren Betten liegen bleiben mussten, durfte sich der Lungenkranke eine Stunde am Tag aufsetzen, damit die Flüssigkeit aus seinen Lungen besser abliefe. In dieser Zeit schaute er stets sofort aus dem Fenster und begann, dem anderen zu beschreiben, was er sah: Er erzählte ihm von dem Garten, der mit viel Sorgfalt angelegt war und in dem er immer Menschen sah, die mit seiner Pflege beschäftigt waren. Er beschrieb ihm den kleinen Teich, auf dem immer ein Entenpaar schwamm oder ein stolzer Schwan zu sehen war, der sich von den Spaziergängern gerne füttern ließ.

Und er erzählte von den Pärchen, die händchenhaltend über die Wege schlenderten, von den Alten, die plaudernd auf den Parkbänken saßen, und den Spaziergängern, die mit ihren Hunden vorbeiliefen oder verträumt am Ufer des Teiches saßen und sich die Sonne auf die Nase scheinen ließen.

Der andere Kranke lag oft lange teilnahmslos im Bett, und die meiste Zeit des Tages verbrachten die beiden schweigend miteinander. Nur in dieser einen Stunde, wenn der eine dem anderen davon erzählte, was draußen vor dem Fenster geschah, dann schien das Leben in ihn zurückzukehren. Er hörte intensiv zu und fragte immer wieder nach Einzelheiten, vor allem über die Farben und Namen der Blumen und über die Menschen, die vorbeischlenderten, sodass die beiden darüber oft in tiefe Gespräche kamen.

Eines Morgens fand die Schwester den Lungenkranken tot in seinem Bett – er war mit einem Lächeln auf den Lippen friedlich eingeschlafen und nicht mehr aufgewacht. Sein Zimmernachbar und die Schwester waren sehr traurig, sie hatten den sanften und stillen Mann lieb gewonnen.

Nun bat der andere darum, dessen Platz am Fenster einnehmen zu können, was ihm auch gewährt wurde. Gleich als sein Bett verschoben war und die Schwester ihn allein gelassen hatte, richtete er sich unter größten Schmerzen auf, um endlich selbst in den Park schauen zu können, den er schon so lange vor seinem geistigen Auge gesehen hatte. Er schaute aus dem Fenster – und blickte auf eine Wand!

Als die Schwester wieder ins Zimmer kam, erzählte der Mann ihr, was der Verstorbene ihm über den Park und die Menschen darin erzählt und wie gut ihm das getan hatte. Er war nun einigermaßen ratlos und fragte sich, warum er das wohl getan hatte. Da antwortete ihm die Schwester: „Weil dieser Mann blind war.“

Traditionelle Erzählung

Hoffnung gegen jede Hoffnung

Es war der Morgen nach der Kreuzigung Jesu und noch dunkel. Maria Magdalena war sehr früh aufgestanden und hinaus vor die Stadt gegangen zu dem Felsengrab, in das Simon von Zyrene und die anderen den Toten Jesus gestern noch gelegt hatten. Sie war schrecklich traurig, aber sie wollten seinen Körper noch ein letztes Mal salben, ihm ein letztes Mal zeigen, wie sehr sie ihn liebte, wie wichtig er ihr war, tot oder lebendig.

Als sie nun vor dem Grab ankam, sah sie, dass der Stein, der es verschloss, weggerollt war. Erschrocken lief sie zu Petrus und Johannes, weckte sie und erzählte ihnen, was sie gesehen hatte. „Jemand hat seinen Leichnam gestohlen und weggetragen und nun wissen wir nicht einmal mehr, wo er ist!“, sagte sie verzweifelt. Die beiden Jünger machten sich gleich wieder mit ihr auf zum Grab. Johannes war schneller als die anderen. Er sah, dass alles so war, wie Maria Magdalena gesagt hatte, und lugte ins Grab hinein. Dort sah er die Leintücher liegen, in die sie Jesus gewickelt hatten. Er traute sich aber nicht, hineinzugehen. Petrus war mutiger, als er endlich auch ankam, und sah, als er im Grab stand, dass die Leintücher zwar dort lagen, aber das Schweißtuch, das man Jesus um den Kopf gebunden hatte, lag zusammengefaltet in einer anderen Ecke. Sie wussten nicht recht, was das zu bedeuten hatte, und machten sich ratlos wieder auf den Heimweg.

Maria Magdalena aber war untröstlich. Sie blieb einfach vor dem Grab stehen und weinte sich ihren Kummer von der Seele. Plötzlich sah sie im Grab zwei Engel in weißen Kleidern sitzen, einen dort, wo Jesu Kopf gelegen haben musste, und einen am Fußende. Einer der beiden fragte Maria Magdalena: „Warum weinst du?“

„Sie haben Jesu Leichnam weggenommen und ich weiß nicht, wo sie ihn hingebracht haben!“, antwortete sie.

In diesem Moment hörte sie etwas hinter sich und drehte sich um. Dort stand Jesus, aber sie erkannte ihn nicht. Auch er fragte sie: „Warum weinst du?“

Weil sie ihn aber nicht erkannte und ihn stattdessen für den Gärtner hielt, antwortete sie: „Herr, wenn du ihn weggenommen hast, dann sag mir bitte, wo er ist. Ich werde ihn holen.“ Er sagte nur „Maria!“

Da gingen ihr die Augen auf und sie flüsterte: „Rabbuni! Meister!“

Jesus sieht sie an und sagt: „Rühr mich nicht an! Aber geh zu deinen Schwestern und Brüdern und sag ihnen: Ich bin auferstanden und werde zu Gott, meinem und eurem Vater, auffahren." Und verschwand.

Maria Magdalena aber rannte so schnell sie konnte zurück zu den Jüngern und sagte es allen: „Ich habe Jesus gesehen! Er ist auferstanden, er lebt!"

Nach Johannes 20,1–18

Unterschied

Als der alte Mann bei Sonnenuntergang den Strand entlang ging, sah er vor sich einen jungen Mann, der Seesterne aufhob und ins Meer warf. Nachdem er ihn eingeholt hatte, fragte er ihn, warum er das denn tue. Da sagte der junge Mann: „Die Seesterne werden sterben, wenn sie bis Sonnenaufgang hier liegen bleiben müssen."

„Aber der Strand ist viele Meilen lang, und Tausende von Seesternen liegen hier", sagte der Alte. „Was macht das also für einen Unterschied, wenn du dich hier abmühst?"

Der junge Mann blickte auf den Seestern in seiner Hand und warf ihn in die rettenden Wellen. Dann meinte er: „Für diesen hier macht es einen."

Traditionelle Erzählung

Achte gut auf diesen Tag

Achte gut auf diesen Tag,
denn er ist das Leben –
das Leben allen Lebens.

In seinem kurzen Ablauf
liegt alle Wirklichkeit und
Wahrheit des Daseins,
die Wonne des Wachsens,
die Größe der Tat,
die Herrlichkeit der Kraft.

Denn das Gestern ist
nichts als ein Traum
und das Morgen erst eine Vision.
Das Heute jedoch – recht gelebt –
macht jedes Gestern zu einem
Traum voller Glück
und jedes Morgen zu
einer Vision voller Hoffnung.

Darum achte gut auf diesen Tag.

Maulana Dscheladdin Rumi

Auf einen Blick

Kurztext • 2-3 min. •• über 3 min. •••

Titel AutorIn	Worum geht es	Vor- lese- zeit	Seite
Ein friedlicher Morgen *Bruno Dörig*	Stille ist Schonzeit für die Seele	•	11
Stille *Peter Wild*	In der Stille wird der Wert von Begegnungen offenbar	•	12
Quarrtsiluni *Aus Grönland*	Aus der Stille entsteht Neues	••	12
Dank an die Stille *Ulrich Schaffer*	Stille birgt Geschenke	•	14
Beglückende Nacht *Johann Wolfgang v. Goethe*	Welches Glück birgt eine stille Nacht!	•	15
In Stille schwelgen *Hermann Allmers*	Ewigkeit spüren in stiller Betrachtung des Himmels	•	15
Einkehr *Plotin*	Gott finden in der Stille	•	16
Die Seele baumeln lassen *Vreni Merz*	Stille Pausen geben neue Kraft	•	17
Alleinsein *Karol Jackowski*	Alleinsein kann sehr glücklich machen	••	18
Sternstunden *Inge Müller*	In der Stille der Nacht erfahren, dass man beschützt ist im Leben	••	20
Abseits *Theodor Storm*	Die Stille eines Dorfnachmittags spüren	•	22

Titel AutorIn	Worum geht es	Vor- lese- zeit	Seite
Die Früchte der Stille *Ohiyesa*	Was sind die „Früchte des Schweigens“?	•	23
Die Kraft des Schweigens *Luther Standing Bear*	Aus dem Schweigen und überlegten Reden wächst Kraft	•	24
Die Amseln haben Sonne getrunken *Max Dauthendey*	Das Werden der Natur bringt dem Menschen unbändige Freude	•	26
Freude *Rainer Maria Rilke*	Freude verändert uns	•	27
Du muss das Leben nicht verstehen *Rainer Maria Rilke*	Lebe den Augenblick und dein Leben wird zum Fest	•	27
Wenn ich mein Leben noch einmal leben könnte *Nadine Stairs*	Ungelebtes Leben lässt sich nicht nachholen, daher alle Gelegenheiten zum Glück nutzen!	••	28
Lichterlohes Bewusstsein *Max Frisch*	Das Glück des Augenblicks macht auch noch in der Erinnerung glücklich	•	29
Maiwald *Johann Wolfgang v. Goethe*	Glück lässt sich leicht in der Natur finden	••	30
Vom armen Holzhacker *Armenisches Märchen*	Sei jeden Tag glücklich, du weißt nicht, wann du sterben musst	••	31

Titel AutorIn	Worum geht es	Vor- lese- zeit	Seite
Die drei Arbeiter *Traditionelle Erzählung*	Glück ist eine Geisteshaltung	•	51
Kleiner Urlaub mit großen Folgen *Angie Sebrich*	Lebensgeschichte einer Frau, die ihre Karriere aufgibt und ihr Glück findet	• ••	52
Löwenzahn *Anthony de Mello*	Die Perspektive ändern kann glücklich machen	•	61
Optimismus und Pessimis-mus *Traditionelle Erzählung*	Es kommt darauf an, mit welchen Augen man etwas betrachtet	••	62
Was frag' ich nach viel Geld und Gut? *Johannes Martin Miller*	Um glücklich und dankbar zu sein, braucht es keinen Reichtum	••	64
Reichtum *Traditionelle Erzählung*	Den eigenen Reichtum, das Beschenkt-sein entdecken	•	65
Die wilde Miss vom Ohio *Joachim Ringelnatz*	Gemeinsame Erinnerungen können Gemeinschaft unter Fremden herstellen	•••	68
Roter Mohn *Fynn*	Erinnerung hält Menschen lebendig, auch wenn sie sterben	•••	74
Abend im Oktober *Katherine Mansfield*	Kindheitserinnerungen als Quelle der Sehnsucht und der Verbundenheit	••	79

Titel AutorIn	Worum geht es	Vor- lese- zeit	Seite
Der Besitz unseres Herzens *Khalil Gibran*	Erinnerung als Kunst, an Orte zu reisen, an denen wir glücklich waren	•	82
Mit dem Leben verabredet *Pierre Stutz*	Wiedersehensfreude ist die Summe guter Erinnerungen	•	82
Die brennende Lampe *Vincent van Gogh*	Was Liebe bewirkt	•	85
Die Kinder *Theodor Storm*	Kinder lieben mit ganzer Seele	•	85
Sommerabend *Bettine von Arnim*	Liebende kennen das Geheimnis der Liebe	•	86
Die weiße Rose *Autor unbekannt*	Liebe stillt Hunger, Liebe ist „Lebensmittel"	••	86
Weil du nicht bist wie alle andern *Kl. Hoffmann*	Für die Welt bist du irgendwer, für mich bist du einzigartig!	••	88
Von Herzen *Traditionelle Erzählung*	Liebe verbindet die Lebenden mit den Toten	•	89
Dämmerstunde *Theodor Storm*	Liebendes Verstehen ohne Worte	•	90
Amors Pfeil *Heinrich Heine*	Liebe macht glücklich – und verrückt	••	91
Eine Liebesgeschichte *Siegfried Lenz*	Leises Glück und große Liebe	•••	93
Getanzter Abschied *Kurt Tucholsky*	Glück heißt, sich ohne Worte zu verstehen	••	99

Titel AutorIn	Worum geht es	Vor- lese- zeit	Seite
Das Märchen v. der traurigen Traurigkeit *Traditionelle Erzählung*	Auch in der tiefsten Trauer kann Hoffnung wieder Mut machen	••	104
Ich habe einen Traum *M. Luther King*	Wenn viele gemeinsam träumen, kann aus Traum Realität werden	••	107
Dir zum Trotz *Elie Wiesel*	Sich trotz allem Unglück nicht die Hoffnung und den Glauben nehmen lassen	••	110
Die Grille im Mond *Traditionelle Erzählung*	Träume werden Wirklichkeit – wenn auch nicht immer sofort	••	112
Morgen wird ein anderer Tag sein *Luis Zambrano*	Hoffnung auf ein besseres Morgen	••	114
Man sieht nur mit dem Herzen gut *Traditionelle Erzählung*	Selbst wenn man blind ist, kann man Farbe und Licht in das Leben von anderen bringen	••	115
Hoffnung gegen jede Hoffnung Joh. 20,1-18	Jesu Auferstehung – Hoffnung für alle, dass der Tod nicht das letzte Wort behält	••	117
Unterschied Traditionelle Erzählung	Hoffnung verbessert die Welt – und wenn auch nur ein ganz kleines bisschen	•	119
Achte gut auf diesen Tag *Maulana Dscheladdin Rumi*	Lebe den heutigen Tag – und dein Gestern und Morgen werden sich verändern	•	120

Quellenverzeichnis

Wir danken nachstehenden AutorInnen und Verlagen für die freundlich erteilte Abdruckerlaubnis:

de Mello, Anthony Genießen, aus: ders. Eine Minute Unsinn, Weisheitsgeschichten, ©Verlag Herder GmbH, Freiburg i. Breisgau, 4. Auflage 2009, Löwenzahn, aus: ders. Warum der Vogel singt, Weisheitsgeschichten, ©Verlag Herder GmbH, Freiburg i. Breisgau, 30. Gesamtauflage 2010

Dörig, Bruno Ein friedlicher Morgen, Rechte beim Autor

Fynn Roter Mohn, aus: ders. Hallo, Mister Gott, hier spricht Anna. Scherz Verlag, Bern und München 1975, Alle Rechte vorbehalten S. Fischer Verlag GmbH, Frankfurt am Main

Hoffmann, Klaus, Weil du nicht bist wie alle andern, Text Klaus Hoffmann

Jackowski, Karol Alleinsein, aus: ders. Jetzt oder Nie!, Für die deutsche Ausgabe ©2001 Droemersche Verlagsanstalt Th. Knaur Nachf. GmbH & Co. KG, München

Kästner, Erich Prima Wetter, aus: ders. Doktor Erich Kästners lyrische Hausapotheke, ©Atrium Verlag Zürich, 1936 und Thomas Kästner

Merz, Vreni Die Seele baumeln lassen, Rechte bei der Autorin

Müller, Inge Sternstunden, Rechte bei der Autorin

Lelord, François Hector nähert sich der Weisheit, aus: ders. Hectors Reise oder die Suche nach dem Glück, ©2004 Piper Verlag GmbH, München

Lenz, Siegfried Eine Liebesgeschichte, aus: ders. So zärtlich war Suleyken, ©1979 by Hoffmann und Campe Verlag GmbH

Sebrich, Angie Kleiner Urlaub mit großen Folgen, aus: dies. Nichts gesucht und viel gefunden, ©Verlag Herder GmbH, Freiburg i. Breisgau, 2. Auflage 2008

Stutz, Pierre Mit dem Leben verabredet, aus: ders. Der Stimme des Herzens folgen, Jahreslesebuch, ©Verlag Herder GmbH, Freib. i. Breisgau, 3. Auflage 2008

Walser, Robert Wochenmarkt, aus: ders. Berlin gibt immer den Ton an. Abdruck mit freundlicher Genehmigung des Robert Walser-Zentrum, Bern, ©Suhrkamp Verlag Frankfurt am Main 2006

Wiesel, Elie Dir zum Trotz, aus: ders. Den Frieden feiern, ©Verlag Herder GmbH, Freiburg i. Breisgau, 1991, Original-Titel „Celebrating Peace", ©by Elirion Associates Inc.

Wild, Peter Stille, aus: ders. Wer langsam geht, geht weit. Alternativen zur Überholspur, ©Schwabenverlag, Ostfildern 2007, 2. Aufl., S. 45f.

Leider konnten wir trotz aufwändiger Recherchen nicht zu allen Texten den/die RechtsinhaberIn ausfindig machen. Für Hinweise sind Verlag und Herausgeberin dankbar.